MW01231552

IL NARCISISTA PATOLOGICO NON VINCERÀ PIÙ

Riconoscere, evitare e affrontare
il Narcisista Patologico.

Ines Giachi

INDICE

INTRODUZIONE

Ognuno è fautore delle proprie scelte.

Questa verità, apparentemente incontrovertibile, ci viene inoculata fin da bambini in modi e misure diverse, a seconda della società, del tempo e del contesto culturale in cui ci ritroviamo a vivere. Persino gli ambienti più rigidamente regolatori, come quelli religiosi, dopo averci imposto i loro libri sacri, aggiungono una postilla: l'arbitrio è libero e l'uomo può esercitarlo come meglio crede. Quest'informazione dovrebbe rassicurarci, assegnando alla nostra volontà quel potere e quell'importanza che da sempre vorremmo attribuirgli. Al tempo stesso, però, sappiamo benissimo che nessuna scelta è mai totalmente libera; alcune decisioni le prendiamo per convenienza, altre per passione, altre ancora proprio a causa di credenze religiose e, da questi incroci di possibilità, ricaviamo un'importante lezione: le scelte dipendono dalla società, e la società è formata da uomini.

Gli esseri umani hanno dunque il potere di influenzarsi a vicenda. La portata e l'intensità di questa influenza deriva da fattori altrettanto variegati, come posizione sociale o economica ma anche e soprattutto affettiva; chi è oggetto d'amore diventa capace di esercitare una certa presa su coloro che l'amore lo provano. Nelle relazioni sane, in cui il sentimento è ricambiato, questo processo assume la forma di scambio equo e naturale: al partner si rubano modi dire, inflessioni tonali, gusti culinari e, al tempo stesso, gli si donano idee, hobby, passioni nel vestire che sono tipiche di noi. Così, i contorni di due persone distinte si sfumano a vicenda, per mischiarsi senza mai sovrapporsi, creando il legame indissolubile della coppia.

Tuttavia, non sempre questa visione ideale è rintracciabile nella realtà e, spesso, lo scambio equivalente si trasforma in imposizione, l'influenza diventa manipolazione affettiva.

È uno scarto che avviene più facilmente di quanto si immagini, a volte mascherato e ignorato, ma che non può fare a meno di manifestarsi quando uno dei due innamorati è un narcisista.

Il narcisismo, fino a certi livelli, è da considerarsi naturale e tutti noi lo adoperiamo; quando però si superano i confini della fisiologia per sconfinare nella terra dell'ossessione, la musica cambia e questa tendenza diventa un disturbo della personalità.

Il narcisista patologico è un individuo tormentato dall'idea di se stesso, dal modo in cui appare agli altri, dall'immagine in cui si rivede e da quella che vorrebbe creare. Nella sua mente non c'è spazio per l'altro e, anche quando dichiara di provare amore, in realtà ricerca nel partner solo un altro pezzo di sé, una conferma del proprio successo e della propria invincibilità. Il suo intento è quello di trasformare le persone che lo circondano in specchi, capaci di riflettere il suo successo e la sua innegabile superiorità. Per questo motivo, i narcisisti catalizzano l'attenzione, alzano la voce e manipolano il prossimo. Approfittando del loro ruolo di partner, prendono le redini della relazione e indirizzano in maniera consapevole la loro influenza, tramutandola in controllo egoistico e insensibile.

Ma che cos'è la manipolazione affettiva e come fanno questi individui a servirsene?

Per prima cosa, appigliamoci a qualche definizione. La manipolazione affettiva è un processo attraverso cui una persona riesce a controllarne un'altra facendo leva sulle sue emozioni o sui suoi sentimenti. Nella coppia, si verifica quando uno dei componenti sente la necessità di primeggiare e di dominare, mentre l'altro è indebolito da un perenne bisogno di riconoscimento e approvazione. Le dinamiche che guidano entrambi, però, non sono affatto esplicite; il manipolatore non si limita a chiedere, imporre, ordinare, come farebbe un semplice capo ufficio o un professore molto autoritario, ma cerca di raggiungere i propri fini per vie traverse, quasi sotterranee: bugie, calunnie, false promesse, minacce o dolci lusinghe. Le frecce al suo arco sono molteplici ed è specializzato nello scoccarle in silenzio, celato agli occhi altrui; in questo modo riesce a governare le azioni, i pensieri, persino le convinzioni del proprio partner! Lo trasforma, così, in un prolungamento di sé, una marionetta che risponde perfettamente ai suoi feticismi da narcisista.

La dissimulazione e la simulazione, le bugie e le omissioni, l'agire subdolo e perverso di questi personaggi complicano di molto la vita ai rispettivi partner che, nella maggior parte dei casi, non si rendono conto di essere delle vittime. Notti insonni, ansia perenne, sensi di colpa inspiegabili sono solo alcuni degli effetti psicologici che una manipolazione affettiva prolungata può causare, uniti a problematiche del tutto pratiche: distruzione di rapporti d'amicizia, isolamento, scoraggiamento sul posto di lavoro, problemi economici o dissapori familiari. I postumi proseguono anche quando, una volta scoperto il complotto, ci si allontana dai manipolatori: la rabbia per essersi sottomessi, la vergogna per le azioni compiute, la mancanza di fiducia nel prossimo. La delusione, il dolore e l'amore cocente, ancora presente nonostante tutto, si mischiano ad altri malesseri angoscianti, asfissianti, difficili da debellare.

Per evitare di portarci dietro gli strascichi di una relazione tossica, una volta che è finita, dobbiamo prima imparare a riconoscerla. È per questo che, nelle pagine successive, ci caleremo nelle storie vere di dieci coppie tormentate dallo spettro della manipolazione, raccontata dai narcisisti che l'hanno architettata e dalle vittime che l'hanno subita. Alla fine di ognuna, il commento di uno specialista farà luce su motivazioni, pulsioni e tecniche di un fenomeno che, per il nostro bene, dobbiamo smascherare e contrastare a tutti i costi.

CATTIVE COMPAGNIE

LA STORIA

Marco risalì in macchina con il sorriso sulle labbra, mentre l'orologio scoccava le nove; era solo leggermente in ritardo. Adagiò con tutta calma il suo strumento sul sedile del passeggero e poi accese il motore, imboccando l'autostrada con la rilassatezza donatagli dalla felicità. Era bello essere tornato in pista. Dopo più di un mese di assenze, rivedere i ragazzi l'aveva rigenerato e suonare con loro era stato come rituffarsi negli anni della gioventù, quando fumavano spinelli e strimpellavano in capannoni abbandonati. Adesso l'erba era stata sostituita dalle sigarette e i capannoni erano diventati salette insonorizzate affittate per fior fior di quattrini, ma l'atmosfera di euforia e libertà era sempre la stessa. Daria, con la sua voce graffiante, guidava l'intera band; Claudio, prima chitarra, eseguiva assoli da stadio, e Ivan, batterista, riusciva sempre a regalare un tocco in più al pezzo. Quella sera, ridendo e bevendo birra, avevano dato gli ultimi ritocchi alla scaletta; solo uno dei brani proposti da Marco ce l'aveva fatta ma, considerata la sua latitanza nelle settimane precedenti, poteva comunque dirsi fortunato.

«Mentre non c'eri ci siamo allenati su questi pezzi, quindi non ci converrebbe sostituirli adesso» aveva spiegato Daria. E lui era stato d'accordo. Dopotutto, anche le canzoni scelte dagli altri lo gasavano da morire e non vedeva l'ora di esibirsi suonandole. Scendendo dalla macchina con la custodia piena del suo basso in spalla, si immaginava al Dream o al Quartet, i locali più famosi della città, circondato dal pubblico e investito dalle luci stroboscopiche. Era un sogno così dolce e appassionato che Marco vi si perse anche mentre apriva il portone, saliva in ascensore, suonava il campanello...
«Alla buon'ora».
Quella voce stizzita fece scoppiare la bolla di sapone in cui il bassista si era rifugiato. Sara, la sua fidanzata, lo osservava a braccia conserte dal ciglio della porta; aveva le labbra serrate, ma lui sapeva cosa voleva sentirsi dire.
«Scusa amore, ho trovato traffico in strada e...»
«Traffico alle nove e mezza su un tratto secondario di autostrada?»
«Beh non ero certo il solo a tornare verso casa!»
«Non eri il solo ma?»
L'eloquenza della domanda lo incitava a continuare e Marco sbuffò.

«Ma sono partito da lì alle nove, è vero. Mi sono dovuto trattenere. Era da un mese che non suonavo in band, dovevo riprendere il ritmo».
Sara si strinse nelle spalle e lo lasciò entrare. Il suo ragazzo abbandonò il basso in corridoio e la seguì in cucina; la cena era già pronta sul tavolo e lui si sentì in colpa per non aver avvertito del ritardo. In ogni caso, lei non si lamentò, almeno non direttamente; sedette a tavola invece e sorrise con acredine.
«Almeno questi minuti in più in saletta sono serviti a qualcosa? Cosa avete fatto?»
«Oh provato alcuni brani storici del repertorio e poi aggiunto due canzoni alla scaletta. Una l'abbiamo riadattata con un arrangiamento davvero figo e...»
«Certo, qualcosa da Grammy immagino».
Il sarcasmo di Sara aleggiò velenoso nell'aria mentre lei mandava giù un boccone di insalata con nonchalance. Marco si sforzò di sorridere; capiva di averla offesa arrivando dopo l'orario stabilito, perciò riteneva di meritarsi quelle frecciatine. Così cercò di stare al gioco.
«Da Grammy non saprei» disse. «Ma forse abbastanza per il Dream».
La donna lì accanto inarcò un sopracciglio. «Vi hanno già ingaggiato?»
«Daria sta ancora discutendo i dettagli, ma credo che avremo la serata di qui a un mese!»

«Mhmh».
La risposta monocorde della compagna spense l'entusiasmo del bassista, che riprese a mangiare in silenzio. Forse era stato insensibile da parte sua dimostrarsi così felice, nominando un'altra donna nel proprio discorso?
Ma Sara non stava pensando a quello, e lo dimostrò con il commento successivo.
«Spero che stavolta ti diano un assolo decente» sospirò. «Sono stanca di sorbirmi Claudio per ore ogni volta».
«È normale che la chitarra sia più in vista del basso, svolge un ruolo diverso. E poi Claudio è il più esperto tra noi, si è laureato in conservatorio».
«Per andare a suonare quasi gratis in locali pulciosi, che bella cosa».
«Sono gli stessi in cui suono anche io!»
Sara si alzò da tavola con un sospiro. Il suo piatto era già vuoto, così come il suo sorriso.
«Sai bene cosa penso di questo hobby. Hai quasi quarant'anni, e andare nei locali a fare da semplice spalla ai tuoi amichetti del liceo lo trovo alquanto imbarazzante. Se almeno una volta ogni tanto ti prendessi il palco, capirei il tuo desiderio, e verrei anche più volentieri a guardarti...»

«Beh non è che io ti abbia mai costretta ad accompagnarmi».
Quello fu un passo falso, Marco se ne rese conto perché gli occhi azzurri della sua compagna scintillarono di collera. Il guizzo, però, sparì quasi subito, lasciando il posto a una calma glaciale.
«Se vuoi sfruttare la seratina con la band per liberarti di me, fai pure» dichiarò. «Però poi non venire qui a lamentarti se gli altri *bambini* ti trattano male».
Con questa frase a effetto, la donna lasciò trionfalmente la cucina, abbandonando il compagno seduto al tavolo, con il cibo a freddarsi nel piatto. Il sorriso che lo aveva accompagnato lungo tutto il viaggio di ritorno a casa era scomparso.
Nei giorni successivi fu difficile ritrovarlo. Daria aveva davvero ottenuto la serata al Dream, per cui il numero di prove settimanali salì a tre. Marco riusciva a presenziare perché, a differenza del mese precedente, Sara non sembrava più avere l'urgenza di andare all'Ikea o da Trony proprio nei giorni in cui era impegnato. Lui cercò di interpretare la cosa favorevolmente; forse lei, consapevole di aver già interferito troppo con la sua passione, adesso provava a farsi da parte lasciandogli i suoi spazi?
Dopo la discussione avvenuta la sera del ritardo, non avevano più tirato fuori l'argomento. Marco non la

informava dei progressi della band, e lei non indagava oltre, accogliendolo dopo ogni prova con un sorriso stereotipato. Non sembrava offesa, eppure quell'espressione torturava Marco come una mosca gigante e gli sussurrava all'orecchio cose che non avrebbe voluto pensare: gli assoli di basso, in effetti, erano i meno presenti nel loro repertorio; e le canzoni da lui suggerite arrivavano di rado a vedere la luce della scaletta...

Tutti quei fastidiosi dettagli, che solo adesso nella sua mente sembravano acquisire un senso, si rivelarono essere presagi di qualcosa di più. Qualcosa di umiliante, offensivo, inaccettabile, qualcosa che Marco non aveva visto arrivare, ma che forse Sara si aspettava.

Infatti, la sera in cui lui rientrò furente dal lavoro, lei non si sorprese più di tanto. Sentendolo sbattere le porte e sbuffare contro i muri, si alzò dal divano su cui era accomodata e lo raggiunse in bagno. Marco, notandola con la coda dell'occhio, rituffò il viso sotto il getto d'acqua del lavandino; non aveva la forza di affrontarla in quel momento. Eppure, lei non esitò ad avanzare.

«Che succede?» chiese, con voce insolitamente dolce. «Qualche cliente ti ha fatto innervosire?»

«No, al lavoro tutto ok».

«Allora cosa? La macchina dà ancora problemi?»

«Ci mancherebbe solo questa!»
«Beh allora vuoi dirmi cos'hai?»
Marco si asciugò il viso e sospirò. Parlare l'avrebbe spinto ad ammettere la propria sconfitta, ma ormai non poteva fare altrimenti.
«La band aveva anticipato le prove a oggi» sillabò. «Ma nessuno degli altri mi ha avvertito».
«Ma com'è possibile? Insomma...»
«È possibile perché è successo, e io l'ho scoperto grazie alle storie di Instagram!»
«Forse si sono solo dimenticati di...»
«Dimenticati» ridacchiò Marco. «Come si può dimenticare un componente in una band di quattro persone?»
A quel punto, Sara chinò la testa e gli accarezzò piano la spalla.
«Sono dei bambini, te l'ho sempre detto» disse, pacata ma decisa. «Stanno tentando di escluderti da mesi, e tu devi imparare a farti rispettare».
«Sara non voglio...»
«Non vuoi parlarne? Invece devi, o sei troppo vigliacco anche per questo? Accetta la realtà e dagli ciò che si meritano. Se non ti vogliono alle prove, non ti avranno neanche alla serata».

L'uomo fissò la compagna con occhi lucidi, incapace di proferir parola. Il giorno dopo, annunciò alla band il suo ritiro.

LA MANIPOLATRICE

Non ho mai sopportato gli amici di Marco. Lui me li ha presentati come "la band", e già da quel momento avrei dovuto capire che non saremmo andati d'accordo; di solito i musicisti, o sedicenti tali, si credono chissà chi e vivono nell'illusione che la loro "arte" possa servire a qualcosa. Oltre a questi difetti, i compagni di Marco ne possedevano molti altri; erano invadenti, superficiali, rozzi. A starmi più antipatica era la ragazza, Daria, con quei capelli rosa da punk fallita e quei tatuaggi sul collo, sempre sfrontata e ribelle. Sono atteggiamenti comprensibili per un adolescente, ma se dei trentenni si comportano allo stesso modo, allora c'è qualche problema di fondo.
Marco è stato sempre più discreto, questo è vero, ma avevo paura che potesse lasciarsi trascinare dal loro stile di vita e dai loro sogni ammuffiti. Va bene giocare a fare le rockstar nella privacy di casa propria, ma organizzare serate in locali popolati da ragazzini! Questa era una cosa che proprio non accettavo. In undici anni di relazione, avevo partecipato a tutte le loro performance (per fortuna, poco numerose) e ogni

volta mi ritrovavo isolata in un angolo, costretta ad ascoltare suoni sconnessi, imbarazzata per l'indifferenza del pubblico, disgustata dalle pose aggressive che Daria e Claudio si ostinavano a metter su. Era uno spettacolo così estremo da risultare ridicolo, e io non volevo che il mio uomo vi partecipasse ancora, come cagnolino da compagnia per quegli invasati. Così, ho messo a punto un pianto per allontanarlo da loro.

All'inizio, il trasloco nel nuovo appartamento mi ha aiutato. Ogni volta che il giorno delle prove si avvicinava, convincevo Marco ad accompagnarmi nello shopping: elettrodomestici, mobili, qualsiasi accessorio casalingo, ogni mancanza rappresentava una buona scusa. Lui non ha mai sospettato niente, anche se le tempistiche erano strane; guarda caso, mi accorgevo delle necessità casalinghe sempre la sera prima delle sue prove in saletta e, una volta sul posto, non compravo tutto insieme, ma lasciavo che qualcosa "mi sfuggisse", per ritornare a prenderla la settimana successiva. Una strategia del genere, tuttavia, non poteva avere vita lunga e Marco, resosi conto di aver saltato troppi appuntamenti con i suoi amici, ha iniziato a precedermi: analizzava la casa, segnava su un taccuino cosa mancava, e poi me lo procurava senza neanche farmi scomodare dal divano. In questo modo,

è riuscito a tornare nel nido di serpi dove suonavano gli altri.
Le mie battute sarcastiche e i miei commenti denigratori servivano a poco, o comunque agivano troppo a rilento: sembrava che quello stupido hobby lo interessasse più di me! Il concerto al Dream, organizzato senza consultarmi, è stata la goccia che ha fatto traboccare il vaso. Non volevo andarci e non volevo che lui ci andasse, quindi ho deciso di cambiare tattica; dovevo infliggergli un colpo più profondo di una frecciatina, per fargli capire che avevo sempre avuto ragione sia sulla musica che sul suo gruppo di amici.
Un pomeriggio, mentre lui dormiva, è sopraggiunta l'opportunità. Al suo telefono è arrivato un messaggio da parte di Daria, e io l'ho intercettato: lo informava delle prove anticipate e di alcuni cambiamenti in scaletta. Non potevo lasciarmi sfuggire quell'occasione; ho cancellato il messaggio e poi bloccato il numero di Daria, insieme a quelli di tutti gli altri. In questo modo, anche se avessero provato a chiamarlo per avvertirlo, non ce l'avrebbero fatta. In ogni caso, contavo sulla loro passione per i social e speravo che, come sempre facevano, avrebbero messo delle storie dedicate ai loro strimpellii in saletta.
Certo, non era un piano perfetto; quei tre avrebbero potuto avvertire Marco anche attraverso Instagram,

oppure lui si sarebbe potuto accorgere prima del tempo del blocco dei numeri. Ma, alla fine, tutto è andato per il verso giusto. Le prove erano state anticipate con troppo poco preavviso, Daria e gli altri non si erano prodigati per cercare il loro bassista sui social, e lui non aveva avuto il tempo di notare i numeri bloccati. Così, quando è tornato a casa infuriato, io ho gettato benzina sul fuoco. Per vendicarsi di quell'offesa, per farsi valere agli occhi di quei traditori, doveva abbandonarli. Sottolineando questo punto, l'ho convinto a mollare la band e la serata al Dream è saltata!

Nei giorni successivi, sono riuscita a smanettare con il suo telefono senza essere vista e ho eliminato l'unica prova che avrebbe potuto incriminarmi, sbloccando i numeri degli amici. Credevo di aver fatto tutto nel modo giusto, e nei mesi seguenti ho dimenticato la vicenda, mentre il basso prendeva polvere in cantina. Poi, però, quei tre musicisti da strapazzo sono tornati alla carica.

LA VITTIMA

"Sentirsi crollare il mondo addosso". È un'espressione comune, forse un po' abusata, che avevo sempre considerato un'esagerazione, fino al giorno in cui anche a me è successo: il mio mondo si è frantumato in mille

pezzi, sotto i colpi crudeli della persona di cui ero innamorato.
Sapevo che Sara non aveva simpatia per Daria, Claudio e Ivan. Anche prima che iniziassimo a convivere, non trovava gradevole uscire con loro e, quando veniva alle serate, a malapena gli rivolgeva la parola. I ragazzi, in saletta, ci scherzavano spesso su anche in mia presenza; non le portavano rancore, perché erano della mia stessa idea: nella vita, non si può piacere a tutti. Perciò, accettavo la loro ironia, così come accoglievo l'ostilità di Sara: con filosofia. Non costringevo loro a scusarla, né lei ad apprezzarli e credevo che questo sarebbe bastato a tenerli a distanza. Ma mi sbagliavo.
Sara non odiava solo loro, provava una forte avversione anche per la passione che ci univa, la musica. Non ne aveva mai fatto mistero, è vero, e non mancava mai di prendermi in giro ogni volta che imbracciavo il basso, ma nell'ultimo periodo le sue critiche si erano fatte sempre più pesanti: mi accusava di trascurare la casa per andare a suonare, lamentava mal di testa ogni volta che provavo, sorrideva con sufficienza quando le facevo ascoltare un mio pezzo inedito. Se i suoi dispetti superavano la linea dell'accettabilità, provavo a farle capire che tra i miei e i suoi hobby non c'era alcuna differenza; lei si divertiva a cucire e a guardare film, io a

suonare. Perché dovevo essere messo alla gogna per questo?
«Perché cucire nella privacy della tua casa non ti rende ridicolo come fare il rocker a quarant'anni».
Questa era stata la sua risposta. In un primo momento, l'avevo trovata ingiusta; ma poi, con il passare del tempo, chissà perché, mi sono convinto che nel suo discorso potesse esserci un fondo di verità: forse, portando avanti il progetto della band, stavo inutilmente rincorrendo la giovinezza perduta?
Per mostrarmi più adulto e responsabile ai suoi occhi, ho allentato con le prove in saletta, mi sono interessato all'ambiente casalingo, ho avuto cura di prediligere sempre lei ai miei amici. Il punto di svolta, però, è arrivato con la batosta della serata al Dream; dopo aver saputo della prova a cui non ero stato invitato, mi sono ritirato dalle scene e ho tagliato i ponti con la band. Sara aveva sempre avuto ragione su di loro e io, per sanare il mio orgoglio ferito, dovevo cancellarli dalla mia vita. Questo credevo. E l'ho creduto per un paio di mesi, finché Ivan non mi ha incrociato al bar, costringendomi ad ascoltarlo.
Sul suo telefono ho visto, ancora memorizzate, le chiamate che la sera della prova non avevo ricevuto. Per capirci qualcosa, ho deciso di parlarne anche con gli altri; al tavolo di un caffè, Daria mi ha mostrato un

messaggio che non avevo mai avuto la possibilità di leggere.
«Abbiamo sempre ironizzato sulla faccenda» ha detto lei, serissima. «Ma adesso basta scherzare. Noi crediamo che sia Sara l'artefice di tutto. La sera della prova, ha persino condiviso la nostra storia di Instagram, per essere sicura che tu la vedessi!»
Sul momento, mi era sembrata un'accusa assurda. Eppure, nei giorni successivi, mi sono reso conto che quell'ipotesi riportava ogni tassello al proprio posto: la mia compagna odiava i miei amici e la mia musica, perciò si era adoperata perché li abbandonassi entrambi. Se davvero le cose stavano così, non mi restava che affrontarla.

LO SPECIALISTA
La storia di Sara e Marco possiede tutte le caratteristiche di una relazione tossica: lei narcisista e maniaca del controllo, lui sottomesso e insicuro. Mentre una impone la propria volontà, l'altro rinuncia senza ripensamenti a ciò che ama, lasciandosi trascinare dalle manipolazioni della compagna.
Sara ha agito da grande stratega, sfruttando principalmente la tattica della denigrazione: accusava Marco di debolezza e infantilismo, si prendeva gioco del suo hobby e svalutava continuamente i suoi amici. Le

battutine, i commenti acidi e i giudizi inflessibili hanno preparato il terreno per il colpo finale: l'uomo, spinto a dubitare del proprio valore e della propria forza, non ha esitato a darle ascolto, nel momento in cui i suoi amici sembravano avergli voltato le spalle. Così, Sara ha ottenuto ciò che voleva: esiliato gli estranei che, secondo lei, interferivano nella relazione, e messo a tacere quel basso che tanto odiava.
Screditare gli interessi e le azioni altrui, insultare velatamente e insinuare il dubbio con il sorriso sono atteggiamenti tipicamente manipolatori, e la donna in questione li ha assunti per poter rimarcare la propria posizione di "femmina alfa"; i narcisisti, infatti, tendono a esigere per sé tutta l'attenzione del partner, poiché si considerano superiori a ogni cosa (amici, famiglia e hobby compresi).
Per capire che il mondo non ruota attorno a lei, Sara dovrebbe seguire una terapia mirata. A Marco, invece, consigliamo di recuperare il proprio basso e di divertirsi con i propri amici, mettendo fine a una relazione in cui la sua felicità veniva costantemente calpestata.

FACCIA DA POKER

LA STORIA

«Signora, devo svuotare anche l'ultimo piano della vetrina?»

«Liuba, ti ho detto che dobbiamo lucidare tutta l'argenteria, è ovvio che sia incluso anche il secondo piano».

La colf, in bilico su una scala di ferro, arrossì appena, prima di protendersi verso la vetrinetta. Marta alzò gli occhi al cielo e corse a sorreggere la scala. A volte si chiedeva se valesse davvero la pena pagare qualcuno per essere aiutata nelle faccende domestiche; Liuba era così giovane e distratta che lei, la padrona di casa, si ritrovava a lavorare di più ogni volta che ce l'aveva intorno. Certo, prima di Liuba, aveva conosciuto delle donne molto più in gamba: Ingrid, dalle braccia possenti e lo sguardo fiero, riusciva a spostare gli armadi per pulirvi dietro. Katarina, invece, era così sprezzante del pericolo che lavava le finestre dei bagni protendendosi nel vuoto come se niente fosse. Rispetto a loro, Liuba non possedeva alcuna qualità, se non una sorta di timore reverenziale che Marta trovava adorabile e funzionale. Le altre due colf, dopotutto, erano state licenziate perché non la rispettavano abbastanza; anzi, le avevano fatto dei torti che, per

quanto lievi, lei considerava imperdonabili. Insomma, chi mai si metterebbe a rubare in casa della persona che ti paga lo stipendio? Di sicuro non Liuba, che dalla cima della scala attirò l'attenzione tossicchiando.
«Signora, inizio a passarle gli oggetti, così lei li posa sul tavolo» annunciò, e Marta tese le braccia di conseguenza. Come in una catena di montaggio, collaborarono per liberare le mensole più alte della credenza di legno lucido, riportando al piano terra libri riccamente decorati, posacenere d'argento, bambole di porcellana, vecchie coppe dalle targhette ormai scolorite. La quantità di suppellettili avrebbe stupito chiunque, ma Marta riteneva di non poter rinunciare a nessuno di quegli oggetti; tutti per lei avevano un valore speciale, ognuno le consegnava un messaggio, preservava un ricordo. E così, anche solo sfiorandoli, poteva rivivere i momenti più importanti della propria vita e rivedere persone ormai scomparse: ecco la Bibbia di sua madre, decorata in filigrana d'oro; la medaglia di bronzo vinta alla gara di nuoto del '78; la tabacchiera d'argento, regalo di nozze di sua cognata; e poi...
«Dov'è il vaso cinese?» chiese, con il naso puntato in alto. «Passamelo, avanti».
Liuba aggrottò la fronte e si allungò per sbirciare nei ripiani di legno.
«Signora Marta, qui non c'è più nulla».

«Ma cosa vai dicendo, Liuba? È un vaso più grande della tua faccia, certo che è lì».
«Signora, io non vedo niente».
«Forse lo hai già portato giù?»
«Ho spostato tre vasi dalle mensole a destra, non so se sono cinesi però...»
Marta gettò un'occhiata alla poltrona, dove erano adagiati dei vasetti in terracotta impiastricciati di blu e verde: i lavoretti creati dai suoi figli all'asilo, ormai trent'anni prima. Di sicuro non avevano niente in comune con il vaso di porcellana cinese, souvenir del suo eccentrico viaggio di nozze.
«Qui non c'è niente» sbuffò, analizzando attentamente ogni superficie e ogni ninnolo posatovi sopra. «Fammi salire, di sicuro è in qualche angolo che non riesci a raggiungere».
Liuba non si oppose, scese dalla scala traballante e poi la tenne ferma mentre la padrona di casa si inerpicava fino all'ultimo piolo. Per i suoi sessant'anni, Marta era ancora abbastanza in forma, e si appoggiò alla vetrinetta con la spigliatezza di una persona abituata all'altezza; da giovane, era stata una ginnasta aerea. Anche la sua vista era ancora ottima, e portava gli occhiali soltanto come vezzo; una volta raggiunta la cima, se li spinse su per il naso e aguzzò lo sguardo. Le mensole erano scure e polverose, ma decisamente

vuote; Liuba aveva ragione, lì non c'era alcun vaso. Questo, però, non rassicurò l'anziana atleta.
«Deve pur essere da qualche parte» sibilò, fiondandosi di nuovo a terra. Senza dire una parola, setacciò il resto della vetrina, poi passò alla cassapanca, al settimino nel corridoio, all'armadio in camera da letto. Nulla, il vaso non saltava fuori. La sua rabbia, invece, cresceva sempre di più.
«Liuba» disse alla fine, con voce tremante. «Avrei bisogno di vedere la tua borsa».
La ragazzina, che aveva già iniziato a spolverare in salotto, fu colta di sorpresa.
«La mia… signora, ma perché…»
«Perché prima di te ho avuto delle brutte esperienze. Non ti sto accusando, voglio solo cacciarmi questo dubbio da vecchia».
La colf chinò la testa, mortificata ma incapace di rispondere. Offrì la propria vita privata a Marta senza battere ciglio, svuotando il contenuto della borsa su uno dei divani; c'erano assorbenti, spiccioli scuri, fazzoletti, rotolini di banconote, ma nient'altro.
Marta sospirò. L'assenza del vaso non scagionava la ragazza; forse, la settimana prima, o quella prima ancora…
«Liuba, credo che tu debba andartene».
«Signora, ma io…»

«Per favore».
«Le giuro che...»
«Basta!» quasi urlò Marta. «Non ho alcuna prova contro di te, per cui eccoti la tua paga oraria. Ma adesso lasciami sola».
La ragazza prese i soldi e raccolse le sue cose in silenzio. Quando se ne fu andata, Marta crollò sul divano. Cosa diavolo stava succedendo in casa sua?
Erano quasi quattro mesi, ormai, che gli oggetti continuavano a sparire. Prima era toccato a suppellettili di poco conto, come portapenne in legno, libri polverosi, centrini dimenticati nello sgabuzzino. Anche se non venivano più tenuti in bella vista, Marta si ricordava di loro, della loro storia, e non aveva voluto gettarli per questo.
«Sei troppo attaccata alle cose materiali» le dicevano i suoi figli, ma quando le cose materiali ne veicolano altre più importanti, fugaci e astratte, vale la pena conservarle. Eppure, sembrava che Marta non fosse più capace di farlo a dovere: puliva, catalogava, si ingegnava per creare sempre nuove esposizioni, ma i suoi amati oggetti continuavano a lasciarla, dileguandosi nel nulla. A quelle prime scomparse aveva dato le motivazioni suggeritele da suo marito: forse libri e centrini si erano dispersi durante il trasloco, oppure era stata lei a darli via, pur non ricordandolo; l'età,

dopotutto, avanzava, e un'eventualità del genere non era da escludere. Ma quando nel mirino del vuoto c'erano finiti i gioielli, la situazione aveva preso una piega diversa. Non era stata di certo lei, Marta, a disfarsi di collane di perle e spille d'avorio! Sempre secondo suo marito, la spiegazione poteva risiedere nella dimenticanza.

«Forse li hai regalati a nostra figlia e non te ne ricordi?»

Ma Sofia, dall'altro capo del telefono, aveva sempre negato di essersi appropriata di simili preziosi. A quel punto, i sospetti si erano indirizzati verso le colf. Ingrid e Katarina di sicuro non avevano motivo di rubare centrini e libri, ma le collane di perle vera fanno gola a tutti. Marta era solita fidarsi di loro, e le lasciava lavorare senza supervisione in una o due stanze, mentre lei cucinava o si occupava dei bagni. Non aveva mai trovato prove a carico della loro colpevolezza, ma non si era potuta esimere dal licenziarle, ne andava della sua sanità mentale. Con Liuba credeva d'aver fatto jackpot: era giovane, inesperta e per questo fedele, quasi propensa alla venerazione. Possibile che anche lei l'avesse tradita?

"È questo che vuol dire diventare vecchi? Non essere più capaci di farsi rispettare?"

Marta rimase imbambolata sul divano a pensarci per ore, fino al ritorno di suo marito. Quando Francesco la

vide lì, immobile, con lo sguardo perso, le corse incontro.
«Fiore mio» esalò. «Che succede? Ti senti male?»
«Forse sì».
«Ma che cos'hai? Cos'è tutto questo disordine? E Liuba dov'è?»
«L'ho cacciata».
L'uomo aggrottò la fronte ormai rugosa. «Cosa ti ha fatto?»
«Lei... non ne sono sicura... ma il vaso cinese, il vaso del nostro viaggio di nozze!»
Marta scoppiò in lacrime e suo marito la accolse tra le braccia.
«Quale vaso?» domandò, accarezzandola dolcemente.
«Quello comprato al mercato di Pechino, il pomeriggio in cui abbiamo provato il takoyaki e...»
Il ricordo sfumò in un singhiozzo. Mentre lei chinava il capo, il marito sospirò.
«Non mi sembra che avessimo comprato un vaso in quel periodo».
«Ma cosa dici? È sempre stato qui! Con il fondo bianco e i ghirigori blu!»
«Davvero? A me pare che al mercatino avessimo preso il brucia incenso. Quello laggiù, vedi?»
Marta si asciugò gli occhi e fissò il punto indicato dal marito; il brucia incenso era lì, decorato con volute di

fumo in rilievo. In effetti, veniva indubbiamente dalla Cina

«Ma anche il vaso c'era...» soffiò Marta.

«E pensi che Liuba possa averlo preso?»

«Chi altri se no?»

Francesco tossicchiò e si passò una mano tra i capelli.

«In effetti, non c'è altra spiegazione».

«Ma non ti sembra strano che su tre donne, tutte e tre...»

«Tesoro mio, certe persone possono essere davvero egoiste, lo sai».

«Ma tu mi credi, non è vero?»

Francesco si alzò, stringendosi nelle spalle.

«Marta, ultimamente sei molto stanca... non te ne fare un cruccio. Andiamo a mangiare».

«Sono stanca, è vero, ma...»

«Cucino io, che ne dici di pasta al pesto?»

La donna sospirò mentre il marito si dirigeva in cucina, baldanzoso. Nei giorni successivi, Francesco le provò tutte per tirarla su di morale: si occupò dei pasti, ingaggiò una nuova donna delle pulizie, la portò a passeggiare al parco, le regalò un nuovo libro di fotografia sportiva. Ogni volta che Marta provava a riesumare la storia del vaso, lui la sotterrava con baci, moine, battute divertenti, accompagnate da vaghi *«Non ricordo»*. Le sue parole erano amorevoli e

confortanti, i suoi discorsi terminavano sempre con questa frase di rito, dolce e velata da una nota di preoccupazione: «Dovresti riposare, Fiore mio. Quando è stanca, la mente può fare brutti scherzi».
Marta iniziava a essere d'accordo. Dei presunti oggetti scomparsi non sentiva più la mancanza; i centrini non le servivano, i libri erano già stati letti, i gioielli, probabilmente, non erano mai stati autentici e poi, quel vaso... che importanza poteva avere?
«Vorrei solo vederlo un'ultima volta, per sapere se sono pazza» sussurrò un giorno, fissando la vetrina.
Francesco, lì accanto, le prese la mano.
«Non sei pazza, Fiore mio. A tutti capita di confondersi, di tanto in tanto. Può darsi che tu abbia visto quel vaso a casa di qualcuno, in tv o addirittura in Cina! Questo dimostra che i tuoi ricordi sono ancora forti, no?»
Marta annuì, sconsolata.
Forse aveva regione lui. Forse quel vaso, in quella casa, non era mai esistito.

IL MANIPOLATORE

Prendere il vaso era stato un errore. Non ricordavo che fosse un souvenir della luna di miele e l'ho scelto perché, data la sua posizione dimessa, non credevo che Marta lo ritenesse importante. In ogni caso, mi servivano più soldi del solito, perciò non potevo

ripiegare ancora su centrini ammuffiti e libri fuori edizione. Quando si gioca a poker a livello professionale, si deve essere disposti a sacrificare qualcosa, e in casa mia oggetti da immolare ce ne sono a bizzeffe! Ogni mensola è stracolma, ogni armadietto pieno fino a scoppiare, il ciarpame ci sommerge fin sopra i capelli e la sua unica utilità è quella di star lì a prendere polvere. Quando moriremo, tutti questi rottami saranno spediti in discarica: ai nostri figli non interessano, e i barboni che se ne farebbero di bambole di porcellana così inquietanti?
La mia decisione di rivendere ciò che posso, dunque, è un investimento per il futuro. I mercatini dell'usato fruttano molto, e i ricavati mi servono per guadagnare altri soldi, grazie alla dea Fortuna del poker. Con una pensione da fame come la nostra, credo sia fondamentale trovare nuove entrate.
Questo Marta non potrebbe mai capirlo. Lei è un'artista, ha una mentalità legata alla passione e al ricordo; anche da giovane, si esibiva per il gusto di farlo, non certo per portarsi a casa uno stipendio! Chiederle il permesso per vendere i suoi ninnoli sarebbe stato inutile; per lei i ricordi valgono più del cibo che mette sotto i denti. Io, al contrario, sono un uomo oggettivo e pratico. Giocare a poker mi piace, non riesco a vincere sempre, ma almeno mi do da fare per ottenere

qualcosa. Anche quando perdo, non è mica la fine del mondo; l'unico effetto è quello di liberare un po' di spazio sulle mensole di casa mia.
Marta si è sempre accorta di tutto, da brava feticista qual è, ma non ha mai sospettato di me. Per fortuna, ho delle colf e dei pregiudizi a proteggermi: il colpevole è sempre il maggiordomo! Certo, il vaso cinese è stato un passo falso. L'ho sottratto alla vetrina troppo presto, nello stesso mese in cui avevamo già cambiato una volta collaboratrice domestica. Dunque, per difendermi ho rafforzato la tattica di evasività che, già nei mesi precedenti, mi aveva permesso di passarla liscia. Consolavo, evitavo di rispondere e poi gettavo sul tavolo la carta della demenza: dovevo far credere a Marta che era lei a sbagliarsi, sempre e comunque. Così, per i gioielli ho inventato la storia di nostra figlia, ho ipotizzato che Marta li avesse persi per strada mentre li indossava, le ho promesso di comprarne di nuovi per poi distrarla con un bacio. Per le scartoffie sparite dallo sgabuzzino, ho usato la scusa dei traslochi e della distrazione degli operai. L'assenza del vaso, l'ho camuffata attirando l'attenzione su un altro oggetto, e insinuando il dubbio della memoria. Mia moglie ama collezionare per ricordare quindi, se un oggetto sparisce, se ne va con lui anche il suo ricordo, e ogni certezza svanisce.

Di fatti, nei giorni successivi, Marta non ha più tirato in ballo il vaso cinese; se ne vergognava. Continuando così, avrei potuto rubare di tutto, senza che lei se ne lamentasse; timorosa di fare cattiva figura, non mi avrebbe più scocciato con i suoi sogni a occhi aperti. Solo cogliendomi sul fatto, avrebbe potuto smascherarmi.

LA VITTIMA

Ho sempre avuto paura di invecchiare. Da ginnasta e ballerina, temevo il momento in cui le gambe non mi avrebbero più sorretto e le braccia si sarebbero arrese. Ho appeso il tessuto al chiodo più di dieci anni fa, portando a casa la mia mente come unica consolazione; almeno, mi restavano la lucidità e l'intelligenza. Ma, quando i miei beni hanno cominciato a volatilizzarsi, ho creduto di aver perso anche quelle. Il mondo attorno a me si contraeva, rimpiccioliva, e io non riuscivo più a distinguere la realtà dall'immaginazione, il passato dal presente.

Davvero avrei potuto perdere i miei gioielli mentre li indossavo? Oppure, tutte le mie colf erano delle ladre? E se non lo erano, che fine avevano fatto i miei libri, i miei centrini, i miei vasi? Me li ero forse inventati?

Credevo di impazzire, o meglio, di invecchiare precocemente. Il fantasma della demenza senile mi stava con il fiato sul collo, gli incubi si moltiplicavano, le crisi di pianto erano ormai incontrollabili. Avevo già rinunciato al mio corpo, non potevo sopportare anche la decadenza del mio cervello; che fine avrebbero fatto, allora, tutti i miei ricordi?

Il malessere di quel periodo, tuttavia, mi fu d'aiuto. In preda a un sonno agitato, una notte, mi svegliai ansimando. Dopo aver ripreso fiato, cercai la mano di Francesco; non c'era. Entrai nel panico, mi alzai. Dal salotto, sentii provenire degli stranii scricchiolii. Mi si gelò il sangue. C'erano dei ladri in casa mia?

Chiamai il nome di mio marito più volte, ma non ottenni risposta. Allora, armata di mazza da lavare, avanzai lungo il corridoio. Arrivata nei pressi del salotto, scorsi il lampeggiare di una torcia, che scandagliava la mia preziosa vetrina; sulla scala di legno aperta c'era una figura umana. Quando trasse a sé la torcia, per leggere chissà cosa, il fascio di luce gli investì il volto.

Era lui, era Francesco.

Gettai un urlo straziante. Non ero pazza, ma mio marito era un traditore.

LO SPECIALISTA

Il caso preso in esame è più complesso di quello che sembra. Non si tratta di bugie innocenti o di omissioni

trascurabili, ma di una manipolazione dagli effetti psicologici devastanti.
Francesco, dall'alto del suo protagonismo, per difendere la propria dipendenza dal gioco, approfitta delle fragilità emotive della moglie. Non è un anziano padre di famiglia preoccupato per la pensione, come vorrebbe farci credere, e il fattore economico è solo un pretesto: Francesco vince poco e niente, ciò che lo spinge a giocare non è il denaro ma il divertimento derivato dal rischio. Per mantenere il suo hobby non è disposto a mettere in gioco i suoi beni personali (che considera troppo importanti), perciò si getta sulle proprietà della moglie. Ai suoi occhi, i libri, i gioielli e i souvenir di Marta sono solo spazzatura, e meritano di essere venduti per finanziare il suo piacere.
Per evitare di essere accusato dalla moglie, Francesco sfrutta l'evasività: cambia spesso argomento e butta nel calderone ipotesi sempre diverse, utili a confondere i segugi e a coprire le proprie tracce. Con queste macchinazioni, distorce le percezioni di Marta, che non riesce più a rapportarsi con il mondo che la circonda e perde fiducia in se stessa. L'incantesimo manipolatorio è così forte che la povera donna si convince di essere affetta da una prima forma di demenza senile: non crede ai propri ricordi, dubita delle persone e dello spazio, si lascia andare all'autocommiserazione e alla

vergogna. Gli incubi da cui è afflitta durante la notte sono sintomi di un grave stato ansioso, che la sparizione di altri oggetti avrebbe potuto trasformare in fobia.

Scoprire il marito con le mani nel sacco, per quanto traumatico, è stato un bene per Marta: adesso può affrontarlo e riappropriarsi della propria razionalità, riversando tutti i suoi mali sul vero colpevole. Perché la situazione non si ripeta, Francesco deve capire che la sua visione non è quella universale, imparando a rispettare gli oggetti della moglie e distaccandosi dall'ossessione del gioco d'azzardo.

NON MI PENSI MAI

LA STORIA

«Domani è San Valentino».

Giacomo lesse il messaggio di sfuggita, mentre saliva in macchina; era uscito di casa solo pochi minuti prima, com'era possibile che Nadia avesse già…

Nuova vibrazione, nuovo trafiletto di testo.

«Organizziamo qualcosa?»

Ma perché non aveva aperto l'argomento a colazione? Giacomo sbuffò, si allacciò la cintura e rispose con un vocale.

«Amore, ti avevo già detto che domani ho una riunione importante, ma il 15 pomeriggio sono libero. Magari quel giorno sarebbe meglio».

L'uomo avviò il motore, si calò gli occhiali sul naso, ingranò la prima, ma non ebbe il tempo di partire; lo schermo luminoso attirò di nuovo la sua attenzione.

«Il 15 però non è San Valentino…»

Giacomo si morse il labbro, scosse la testa, non rispose. Doveva guidare. Non capiva perché la sua ragazza, da poco anche sua convivente, fosse così interessata a quella festa; negli anni precedenti non l'avevano mai festeggiata sul serio e, anzi, insieme passavano il tempo a prendere in giro tutti i romanticoni che si scambiavano fiori e scatole di cioccolatini.

"Forse vuole suggellare l'inizio della convivenza."

Giacomo ci pensò su. In effetti, anche a lui sarebbe piaciuto. Magari, dopo la riunione, avrebbe potuto accontentarla con del sushi da asporto e una bottiglia di vino; anche se trascorsa a casa, sarebbe stata di certo una bella cena.

Mentre considerava le alternative, il telefono continuava a vibrare, ma lui lo consultò solo una volta arrivato nell'ascensore del proprio studio. I messaggi in attesa erano quattro.

«Potremmo prenotare per le dieci al Mood».

«So che la riunione durerà un bel po', ma di sicuro non vi tratterranno fino a notte tarda».

«E poi puoi sempre andare via prima, no?»

«Perché non rispondi?»

Giacomo sospirò, spiegò che era stato impegnato a guidare, e poi rinfrescò la memoria alla propria compagna: no, non poteva andare via prima, era uno dei relatori; no, non poteva sapere quando sarebbe finito l'incontro, alcuni dei precedenti si erano protratti fino a mezzanotte; e poi, il Mood era un locale esclusivo, costosissimo, sicuramente già pieno...

«Certo che è pieno, tutte le mie amiche vanno lì».

Il sarcasmo di Nadia era percepibile anche attraverso il display muto. Giacomo si chiese come facesse a rispondere tanto velocemente, dato che anche lei si stava preparando per il lavoro, poi schioccò la lingua e buttò lì la sua idea del sushi. Entrando in ufficio, ripose il cellulare in tasca per salutare colleghi e superiori; lo studio legale era cresciuto molto negli ultimi anni e le riunioni di fine trimestre erano necessarie a monitorarne l'andamento. Fatta eccezione per quei meeting sporadici, di solito Giacomo non faceva straordinari; era un consulente contabile, non un avvocato, per cui trattava i dati di diversi casi ogni volta che gli venivano sottoposti e riusciva ad analizzarli sempre abbastanza velocemente. I numeri, a differenza delle parole, erano il suo campo prediletto, e poteva gestirli nonostante gli imprevisti, gli impegni e le immancabili distrazioni...

«A qualcuno squilla il telefono!»

Giulia, la sua assistente, lo accolse così non appena fu entrato nel proprio cubicolo. Giacomo capì che si riferiva a lui, perché sentì il fianco vibrare. Il nome Nadia lampeggiava sullo schermo. Lui rifiutò la chiamata e corse a controllare i messaggi con il cuore in gola; non li aveva visualizzati per quasi venti minuti!

«Amo il sushi lo sai, ma non è niente di speciale. Sicuramente non adatto a San Valentino».

«Credo che almeno per una volta potresti anche chiedere di uscire prima».

«Se mi dai il via mi faccio cambiare il turno di domani, così posso rimanere a casa a farmi bella per te □ □

«Ehi ma ci sei?»

Giacomo confermò la sua presenza con uno smile, poi fece notare l'orario alla ragazza, e rimandò la discussione alla pausa pranzo.
Nadia era sempre stata una messaggiatrice provetta, Giacomo se n'era accorto tre anni prima, dopo averla conosciuta: rispondeva a ogni ora del giorno e della notte, aveva sempre argomenti nuovi di cui parlare, si lasciava andare senza problemi a conversazioni hot. Nei primi mesi, lui aveva seguito la sua scia, tenendo perennemente il telefono in mano, dimostrandosi cordiale e interessato, simpatico e appassionato. Non era una maschera la sua, aveva solo adattato il suo vero

carattere ai ritmi rapidi della messaggistica istantanea, tanto apprezzati da Nadia; credeva che, dopo i primi tempi di infatuazione, quella pressione si sarebbe allentata, lasciando spazio a conversazioni "nella norma", intrattenute una volta ogni tanto, e sostituite quasi sempre da dialoghi in prima persona. Questa sua predizione, però, si era rivelata errata. Da quando vivevano insieme, Nadia era diventata anche più invadente di prima: ripeteva per messaggio i saluti di buongiorno e buonanotte, inviava continuamente foto, ingaggiava discussioni durante l'orario di lavoro. Eppure, sapeva bene quanto la concentrazione fosse importante per le mansioni svolte da Giacomo...

«Signor Giacomo, ma non avevamo già visionato ieri la cartella del caso Fratti?»

L'uomo annuì alla propria assistente, indicandole un nuovo fascicolo.

«Inizia a occuparti del programma di oggi, io voglio solo essere sicuro di una cosa...»

Una cosa che temeva di aver trascurato, il giorno prima, per rispondere ai messaggi di Nadia. Il contabile passò un'ora a revisionare le carte, per assicurarsi che tutto fosse in regola, e poi affiancò la propria assistente, dedicandosi ai nuovi numeri. Aveva impostato il telefono sulla modalità silenziosa, ma ogni tanto lo vedeva illuminarsi e il cuore iniziava a battergli più forte. Si chiedeva se fosse Nadia a cercarlo, si domandava cosa volesse, immaginava problemi e disastri accumularsi mentre lui era impegnato a lavorare. Ma cercò di resistere. Se voleva tornare a casa per le cinque, non poteva lasciarsi distrarre. Solo prima di uscire per pranzo riprese il proprio cellulare. Le notifiche rosse erano una quindicina, spalmate nell'arco di tre ore.

«Se non mi rispondi adesso, non posso organizzarmi per cambiare il turno».

«Allora, facciamo che esci prima domani?»

«Vabbè ho capito, non te ne importa».

I primi tre messaggi erano così, e quelli successivi si somigliavano un po' tutti: Nadia esaltava il menù del Mood, poi accusava il suo fidanzato di indifferenza; raccontava le esperienze romantiche delle proprie amiche, poi si accontentava della prospettiva "sushi" in tono lamentoso. Alla fine, però, la sua sintassi tornava a splendere di emoji e le sue parole descrivevano una foto.

«Sono tornata e ho trovato il tempo per cucinare il tuo piatto preferito».

In allegato, Giacomo aveva ricevuto l'immagine di un polpettone fumante. L'acquolina gli salì alla bocca insieme al senso di colpa.
«Amore» digitò. *«Lo sai che il mercoledì mangio allo studio».*
«Ma come? Mi avevi detto che ci saremmo visti per pranzo!»
«No, intendevo che ti avrei risposto al telefono in pausa pranzo...»
A questo chiarimento non sopraggiunse alcuna risposta e Giacomo sapeva che non era un buon segno: quando Nadia visualizzava senza ribattere, significava che si era intristita o arrabbiata. Giacomo si morse le labbra; doveva scriverle, chiederle perdono, lasciarla sbollire?
Alla fine, accampò un messaggio di scuse e poi tornò al lavoro, cercando di dimenticare quel piccolo diverbio. Ma non era così semplice; ogni volta che un telefono squillava, ogni volta che una voce di donna aleggiava nell'aria, lo sguardo di Giacomo scattava verso l'alto, insieme al suo cuore apprensivo. Il cellulare era inerme, Nadia sembrava scomparsa. Che si fosse davvero offesa per così poco? Forse, senza rendersene conto, Giacomo era stato troppo diretto, insensibile, sbrigativo. A quel

silenzio, che lo abbandonava all'indecisione, avrebbe preferito una bella sfuriata. Per questo, verso le tre, quando il "ding" del suo smartphone risuonò nello studio, lui si precipitò a controllare.

«Chiedi sempre scusa a danno già compiuto».

«E poi sparisci così, lasciandomi sola».

«Ti aspetti che ti corra ancora dietro, anche quando tu non mi pensi mai?».

«Forse non me lo merito».

«Non merito i tuoi pensieri né le tue attenzioni, sono una persona inutile».

«Dovrei farla finita».

Il monologo si concludeva così, con un punto fermo che lasciava presagire l'arrivo di una tragedia immane, definitiva.
Giacomo si affrettò a rispondere con dita tremanti; chiese ancora scusa, smentì le parole autoaccusanti di lei, si disse disposto a rimandare quella riunione tanto importante. Ma i messaggi non vennero letti, né

recapitati; Nadia aveva staccato Internet. Il suo fidanzato imprecò e si appellò al telefono fisso dello studio; dopo aver composto il numero, rimase in febbrile attesa. Gli squilli si susseguivano veloci e sordi, come le pulsazioni del suo cuore, e nessuno vi pose fine. Nessuno rispose.

«Signor Giacomo, va tutto bene?»

L'assistente, notando il velo di sudore sulla sua fronte, gli mise una mano sulla spalla. Lui la scacciò.

«No, non va bene. Nadia non risponde al telefono».

«Beh forse è impegnata...»

«No, tu non capisci! Devo andare a controllare».

Giacomo recuperò il cappotto e corse via senza salutare nessuno. No, gli altri non potevano capire; non sapevano che Nadia era una donna fragile, dal passato tormentato; non conoscevano la sua storia clinica, né tutti gli sforzi che aveva fatto per uscire della depressione. Ma lui, Giacomo, ne era fin troppo consapevole; perciò, ogni volta che la ragazza si lasciava andare a quelle lugubri riflessioni, capiva di dover accorrere al più presto. Così quel giorno salì in macchina, infranse tutti i limiti di velocità, ignorò tutti i semafori e, per sedare la paura, si ripromise che, il giorno dopo, avrebbe fatto passare alla sua fidanzata il miglior San Valentino di sempre.

LA MANIPOLATRICE

A volte, mi capita di essere triste. Secondo il mio psicoterapeuta, succede perché mi aspetto troppo dagli altri, ma non sono sicura che abbia ragione. Vorrei solo che loro mi restituissero ciò che io gli dono, in uno scambio equo. Amore per amore, interesse per interesse, attenzione per attenzione.

Giacomo ultimamente mi stava trascurando. Con l'inizio della convivenza, pensavo che ci saremmo avvicinati ancora di più, mangiando insieme, dormendo insieme, entrando in simbiosi completa. Lui invece era pieno di impegni, non voleva più chattare con me al telefono, mi negava ciò che invece le mie amiche avevano: manifestazioni d'affetto sfrontate, plateali, bellissime.

Ero invidiosa e arrabbiata, delusa e abbandonata. Pensavo a Giacomo continuamente, dedicandogli ogni mio sorriso e ogni mia lacrima; perché lui non poteva fare altrettanto? Sapeva bene che soffrivo di solitudine, eppure non riusciva a sforzarsi di ascoltarmi, di darmi la priorità.

Così, ho deciso di sfruttare la mia debolezza come un'arma, per fargli capire che avevo bisogno di lui. Quando non c'era, lamentavo la sua mancanza. Quando c'era, lo abbracciavo forte, pregandolo di non lasciarmi mai. Se non rispondeva ai miei messaggi, lo accusavo di ignorarmi; se invece rispondeva, ne mandavo degli altri

per essere lodata, ammirata, vezzeggiata. Era una necessità insopprimibile.
Avevamo già parlato di San Valentino e dei suoi impegni, ma i programmi stratosferici delle mie amiche mi hanno fatto capire che mi meritavo più di una semplice serata di sushi e serie tv. Lui non voleva cedere, quindi mi sono inventata la storia del piatto preferito: ho recuperato la foto di un polpettone da internet, l'ho inviata e ho aspettato che il senso di colpa facesse il suo corso. Poi, ho adottato l'efficacissima tattica del dramma: qualche parola enigmatica, malinconia triplicata e sparizione improvvisa. Meno di mezz'ora dopo, Giacomo era ai miei piedi e mi scongiurava di perdonarlo.
A volte sono triste, è vero. Ma ho capito che questa tristezza, se usata bene, potrebbe finire col rendermi felice.

LA VITTIMA

Nadia stava bene. Come sempre, dopo le sue crisi, stava stranamente bene. Quando sono arrivato nel nostro appartamento, con il fiato corto e la camicia intrisa di sudore, lei era distesa sul letto, a leggere un libro. Da lì, mi ha guardato quasi stupida, poi turbata, alla fine disperata. Eppure, tutte queste emozioni ci hanno messo un po' ad attecchire sul suo viso, come se avesse

bisogno di forzarle per renderle credibili. In ogni caso, fin quando ha voluto propormele come vere, io le ho credute tali. L'ho abbracciata, l'ho baciata, mi sono sdraiato a letto con lei.
Il nodo alla gola, che fino a quel momento mi aveva soffocato, adesso si era allentato. Ma non sciolto, non sparito. Da qualche mese a questa parte, anche nei momenti di quiete, sto sempre sulle spine; ho il terrore di parlare, di muovermi, perfino di pensare. Fare un passo falso significherebbe mettere a rischio la mia relazione e forse la vita della mia compagna. Mi ha detto di aver avuto problemi di depressione in passato, e adesso sta seguendo una terapia; prima di incontrarla, non mi ero mai misurato con questa malattia, e neanche ora so bene come affrontarla, perciò cerco di attenermi al motto "mai sottovalutare niente". Ogni cosa potrebbe farla adirare, intristire, crollare, e io non voglio che questo accada. Applicando un rigido controllo su me stesso, cerco di evitarle tutte le emozioni negative, offrendole su un piatto d'argento solo quelle positive.
Così, alla fine ho disertato la riunione di San Valentino per andare a cena con lei. Mentre mi godevo la serata con del buon vino, accompagnato dal suo sorriso, credevo di aver fatto la cosa giusta. Il giorno dopo,

però, quando la mia assistente mi ha riportato i commenti dei principali, la mia felicità si è impietrita.
«Erano tutti molto contrariati, Giacomo. E vogliono vederti domani nel loro ufficio».
Naturale, me lo sarei dovuto aspettare. Eppure quel risvolto, oltre a trovarmi impreparato, ebbe il potere di farmi dubitare delle mie scelte: cedere al malumore di Nadia era stata una decisione saggia? Non sarebbe stato meglio cercare di educarla, spiegarle la situazione nel dettaglio, aiutarla nel suo percorso medico? Inchinandomi perennemente al suo volere, non contribuivo ad alimentare i suoi atteggiamenti problematici?
Forse sì, forse no. Il fatto è che, riflettendo su di lei, avevo scoperto qualcosa in più di me. Il suo comportamento da bambina bisognosa, da damigella in pericolo, da angelo accusatore, mi stava distruggendo. Ero sempre nervoso e agitato, non riuscivo a scollarmi dal telefono, tremavo dall'ansia al pensiero di leggere i suoi messaggi, e la tachicardia mi tormentava ogni volta che uscivo di casa, allontanandomi da lei. Mi sentivo osservato, giudicato, incapace di prendere qualsiasi decisione senza prima pensare a lei, ai suoi desideri, alle sue necessità.
Era giusto sacrificare così la mia salute per la sua? E adesso che anche il mio lavoro era a rischio, potevo

continuare a far finta di niente, per evitare la sua disapprovazione, la sua tristezza distruttrice?

Non sapevo darmi una risposta. Mi sentivo egoista e, al tempo stesso, intrappolato. Le sue minacce di farsi del male, ai miei occhi, diventavano sempre più inconsistenti, e la mia insofferenza cresceva di giorno in giorno. Per questo, ho deciso di rivolgermi anche io a uno specialista.

LO SPECIALISTA

Il caso riportato è molto delicato. Ci troviamo alla presenza di una narcisista depressa che, accecata dall'egoismo, cerca di trascinare il proprio compagno con sé. Non è una situazione che debba sorprenderci: è stato clinicamente provato che alcune forme di narcisismo possano causare crisi depressive; il soggetto in questione sviluppa un attaccamento morboso alla propria persona e si aspetta, di conseguenza, che anche gli altri lo manifestino con la stessa intensità e la stessa passione.

Nadia, per questo motivo, è già in cura; il suo medico le ha fatto notare che è solita pretendere troppo dagli altri, ma lei non ha ancora un quadro chiaro dei propri comportamenti autodistruttivi. Possiede un'idea di sé stessa distorta, si vede come una martire dispensatrice di bene, e come tale vuole essere ricompensata; nella

sua mente, l'egoismo assume le sembianze di uno scambio equo, i cui frutti vanno ottenuti a ogni costo. È per questo che la donna supera il limite del buon senso, avvalendosi della sua condizione clinica per mettere in atto un ricatto emotivo.
Si tratta di una tecnica che fa uso di tutte le emozioni, positive o meno, per provocare una reazione nell'altro; la tristezza serve a stimolare pietà, la disperazione porta con sé il senso di colpa, la rabbia nutre la paura. Che si tratti di simulazione o esagerazione poco importa, l'obiettivo è controllare il bagaglio emotivo del compagno, servendoci del nostro.
Nella relazione presa in esame, Nadia estremizza il proprio sentire, enfatizzando le possibili conseguenze della sua tristezza per sottomettere Giacomo. La sua strategia passivo-aggressiva lo spinge, di giorno il giorno, verso una voragine di insicurezza e senso di colpa; trascura il lavoro, si ritiene insensibile e inadatto, ha sempre la sensazione di essere dalla parte del torto. Quando, per caso, gli viene il dubbio che Nadia possa aver calcolato tutto, sfruttando la depressione come scusa, si sente un verme e ritorna sui suoi passi: quell'ipotesi così cinica, se fosse sbagliata, potrebbe risultare fatale per entrambi! La manipolazione messa in atto da Nadia, sfruttando un'arma così malleabile, è

inattaccabile: anche quando viene scoperta, non può essere distrutta.
È per questo che, in tali circostanze, si deve agire in punta di piedi, rivolgendosi a degli esperti del mestiere. La salute mentale di Nadia va tutelata, è vero, ma non a discapito di quella del suo compagno. La depressione esiste e deve essere tratta con la massima cura, ma ciò non toglie che possa essere usata come un pretesto per ricevere attenzioni. Anche se Giacomo ama la propria ragazza, non è compito suo farsi carico di tutte le problematiche relative al suo narcisismo, rischiando di finire nel baratro insieme a lei.
Credo che la strada migliore da percorrere, al momento, sia quella già intrapresa da Giacomo: la terapia. Parlando con uno psicologo capirà che prendersi cura di una persona affetta da depressione non vuol dire assecondarla sempre e comunque, a discapito del proprio benessere. Nadia, in parallelo, dovrà sforzarsi di proseguire con le proprie sedute, per poter assumere una visione più oggettiva del mondo che la circonda, lasciandosi alle spalle protagonismo, senso d'abbandono e vittimismo. A un certo punto, i due sentieri potrebbero incrociarsi; una terapia di coppia, in questo caso, sarebbe utilissima a entrambi: Giacomo potrebbe esprimere i suoi disagi e Nadia,

prendendone coscienza, forse riuscirebbe a modificare il proprio atteggiamento negativo.

DIVERTIAMOCI INSIEME

LA STORIA

Il loft al terzo piano del grattacielo era semivuoto, ma la musica non aveva smesso di suonare; le casse, posizionate su un soppalco del salotto, simulavano ritmi orientali di tamburi e flauti magici, piegando l'aria odorosa di incenso e alcol. Gli invitati ancora rimasti respiravano con foga, e il loro fiato marcio di drink e sigarette regalava all'ambiente quel sentore tossico e nauseante di sballo da fine serata. Si ballavo molto, si parlava poco, ma si beveva ancora tanto.

Ilario, dalla sua postazione sul divano, non si dedicava a nessuna delle tre attività. Con la mano sul naso e le dita sullo schermo del cellulare, occhieggiava stancamente l'orario: erano le due e mezza.

"Se fossi rimasto a casa, sarei a letto già da tre ore" pensò, sconsolato.

Riponendo il cellulare in tasca, gettò uno sguardo alla sala da pranzo di Ines, trasformata in pista da ballo. Lì, a volteggiare su note tribali e arcane insieme alla padrona di casa, c'era un ragazzo poco più che trentenne, bassino, dai capelli blu elettrico. In accordo al tema della serata, indossava un gilet di finto camoscio, lasciato aperto sui pettorali nudi, e una gonna variopinta, lunga e ampia, che si apriva come un fiore ogni volta che lui volteggiava nell'aria.

Ilario sospirò. Doveva ammettere che Gabriel, in quella tenuta, era molto bello. Lui non si era impegnato tanto quanto la sua dolce metà, per adattarsi all'atmosfera della festa; aveva addosso i suoi soliti jeans, accompagnati da una felpa nera per niente primitiva.

Quando era entrato in casa, Ines l'aveva fulminato con lo sguardo.

«Lo sapevo che non potevo aspettarmi niente di meglio da te» aveva urlato, picchiettandogli il petto con disappunto. Lui si era stretto nelle spalle; già il solo fatto di essere lì, a quello stupido party, lo innervosiva, figuriamoci travestirsi da indigeno! Era un'idea infantile, ridicola, inutile…

Eppure Gabriel, con quel costume addosso, rivoluzionava e smentiva ognuno di questi punti; con quella fascetta sulla fronte non era infantile, ma intrigante; il gilet sbottonato non lo rendeva ridicolo, ma attraente; e quella gonna pacchiana, così appariscente, attorno ai suoi fianchi non era affatto inutile.

Ilario si morse le labbra. La sensualità del suo compagno era la causa di tutti i suoi mali. Alla festa di Halloween di Ines lui non ci sarebbe dovuto andare; aveva già preso impegni con sua sorella, il giorno dopo doveva lavorare e poi odiava dal più profondo del cuore i party a tema. All'organizzatrice aveva consegnato il suo "no" categorico almeno un mese prima, per poi ripeterlo quasi giornalmente al suo ragazzo: no, non ti accompagnerò; no, non voglio aiutarti a scegliere la maschera; no, non mi interessa chi altro ci sarà. Eppure, quando Gabriel si era presentato in camera vestito come un danzatore orientale, tutta l'ostinazione di Ilario era crollata.

«Sei mi fai da spalla stasera, potrei tenere il costume addosso anche a letto...»

Così aveva sussurrato, con occhi languidi e sorriso piegato. A Ilario era bastato quello per capitolare. Lui e Gabriel si frequentavano da cinque anni eppure ogni volta era ancora come la prima, conturbante, assuefacente, irresistibile. Anche adesso che, stravaccato sul divanetto, Ilario ribolliva di noia e risentimento, non poteva fare a meno di guardare con cupidigia il ragazzo che l'aveva trascinato in quel covo di matti. Gabriel ogni tanto ricambiava lo sguardo con occhiate ora melliflue, ora intriganti, scrollandosi i capelli, leccandosi le labbra. Alla fine di una danza particolarmente agitata, lasciò la mano di Ines e scivolò come una piuma verso il divano.

«Ti è piaciuto lo spettacolo?» chiese, abbandonandosi sulle ginocchia di Ilario. Era leggero, profumato e caldo.

Il petto gli tremava e il sudore gli brillava sulla fronte. Il ragazzo sul divano lo contemplò per qualche minuto, prima di rispondere.
«Mi è piaciuto» gracchiò. «Ma preferirei godermene uno solo per me, magari nella nostra camera da letto...»
«Hai fretta di tornare?»
«Non sai quanta».
«Ed è una fretta davvero dovuta a me, oppure c'entra qualcosa la noia?»
«Non posso negare di essere annoiato» sbuffò Ilario, facendo scivolare la mano sulla coscia dell'altro. «Ma sono anche eccitato».
Gabriel si lasciò andare a una risata cristallina e poi accostò le labbra al viso del suo compagno.
«L'attesa aumenta il piacere» sussurrò. «Qui possiamo divertirci ancora molto».
«Davvero?»
«Certo, davvero. Se solo ti tirassi un po' su!»
Il ragazzo rise di nuovo, in modo quasi sboccato, e un sospetto iniziò a farsi spazio nel petto di Ilario.
«Gabri» lo chiamò. «Quanto hai bevuto?»
«Non abbastanza credo...»
«Sul serio, sei ubriaco? Oppure...»
«Oppure?» gli occhi del danzatore luccicarono di malizia.
«Hai preso qualcosa, non è vero?»

«Ops!»
Gabriel ridacchiò ancora, e lasciò ricadere la testa sul petto dell'altro come un bambino. Ilario dovette trattenersi per non spingerlo via.
«È stata Ines? Che ti ha passato? Avevamo detto niente più coca!»
«Non è coca, uffa! È solo una pastiglia felice, sicura...»
«Sicura come? Cosa c'era dentro?»
Gabriel si risollevò sbuffando. «Sei davvero noioso, lo sai? Forse è per questo che ti annoi sempre».
«Sarebbe meglio sballarmi come fai tu?»
«Sì».
La risposta arrivò fredda e lapidaria. Ilario non se l'aspettava e inarcò un sopracciglio; Gabriel rispose cingendogli il collo con le braccia.
«Sai, alcuni dicono che sballarsi insieme sia incredibile per una coppia» bisbigliò. «La complicità sale alle stelle, le allucinazioni possono essere condivise e poi... il sesso è spaziale».
Ilario scollò le spalle. «Se mi riduco anche io come te, chi ti porterà a casa poi?»
«Non abbiamo bisogno di andare a casa per...»
«Questo è solo un dettaglio. Non ho mai preso quella roba, non so che effetto potrebbe farmi, e non ci tengo a provarla così».
«Non lo faresti nemmeno per me?»

Gabriel lo chiese lasciandogli un bacio sul collo. Ilario iniziò a sudare freddo. Non gli era mai andato a genio il concetto di divertimento del suo compagno. In passato, Gabriel aveva avuto esperienze con droghe pesanti e, anche se non era mai caduto nell'abisso della dipendenza, continuava a trattarle con troppa superficialità. Al lavoro, ogni tanto, si concedeva uno spinello con i colleghi, mentre ai compleanni dava qualche sniffata in onore del festeggiato. Erano somministrazioni saltuarie, apparentemente innocue, e Ilario non poteva fare a meno di preoccuparsi. Ma adesso, per la prima volta, il suo ragazzo lo stava pregando di seguirlo nello sballo, e lo faceva con degli occhi...

«Avanti» mormorò, suadente. «So che sei curioso di provare».

«Sono curioso ma...»

«Ma cosa? Non ti fidi di me? Non vedi quanto sto bene? Non senti quanto ti voglio?»

Gabriel lo baciò di nuovo, risalendo dal collo all'orecchio.

«Vieni con me» ansimò, con voce fatale. «Sarà bellissimo, te lo prometto».

«C-come... come dovrei fare?»

Quell'accenno di cedimento fece sogghignare il danzatore.

«Baciami» disse soltanto, e poi premette le proprie labbra su quelle dell'altro.
Ilario lo baciò chiudendo gli occhi, stringendolo forte. Sulla lingua, Gabriel aveva un sapore strano, dolce, pungente, un po' pastoso. Ma lui non se ne preoccupò. Tenerlo tra le braccia era così bello che non gli importava più di nient'altro.

IL MANIPOLATORE

Aspettavo Halloween come i bambini, di solito, aspettano il proprio compleanno. Con l'età che avanza, le occasioni per lasciarsi andare sono sempre più rare, perciò ritenevo giusto approfittare del party di Ines per fare un po' di vecchio sano casino. Ovviamente il mio compagno, già in viaggio verso la mezza età, non era d'accordo. È sempre stato un tipo solitario e riflessivo, non me ne sono mai lamentato, fa parte del suo fascino; una volta ogni tanto, però, vorrei che si lasciasse un po' andare. A me servono il brivido, la libertà, la passione, per essere felice, e non accetto di dovermi godere questa felicità da solo.
Così, negli anni, ho escogitato un metodo infallibile per soggiogare Ilario in ogni situazione: la seduzione. Sembrerà scontato, ma non è facile adoperarla in una relazione già anziana e consolidata, di solito, dopo i primi tempi, l'elettricità iniziale si disperde. Io, però,

sono riuscito a mantenerla o, almeno, a concentrarla nelle mie mani quando le circostanze lo richiedono. So di essere abbastanza bello rispetto alla media, sono sicuramente il ragazzo più avvenente che Ilario abbia mai avuto, e anche il più bravo a letto. L'estetica e il sesso, in ogni caso, non servono a nulla se utilizzati nel modo sbagliato, e questo l'ho capito perfezionando la mia tecnica mano a mano. Ho individuato i punti deboli di Ilario e su quelli mi sono messo al lavoro: il suo interesse per gli *anime* l'ho sfruttato imitando i suoi personaggi preferiti, con tinte di capelli sempre diverse; il suo attaccamento per i fiori l'ho reso un'arma iniziando a usare profumi alla rosa; il suo fetish per i giochi di ruolo lo nutro con costumi provocanti e striminziti; la sua ossessione per i complimenti la soddisfo con esclamazioni esagerate durante il sesso. Insomma, ho preso ognuna delle sue passioni e l'ho ricollegata a me.

Non credo che lui se ne sia reso conto; forse pensa di aver trovato come per magia un ragazzo che risponde a tutte le sue fantasie erotiche, senza sapere che ogni mia scelta è razionalmente basata sui suoi bisogni. Così, grazie al mio corpo e alla mia intelligenza, l'ho convinto a viaggiare fino in Thailandia, l'ho spinto a fare outing con la famiglia, e l'ho trascinato a quella stramaledetta festa di Halloween a cui tanto tenevo.

Lì, poi, ho voluto osare di più.
«Sarebbe bello vedere quel musone del tuo ragazzo perdere la testa, almeno una volta» ha detto Ines. «Perché non gli regali una pastiglia della felicità?»
L'idea mi stuzzicava, ma come metterla in atto? Ilario non è un patito di sostanza stupefacenti, e attirarlo facendogli gli occhioni dolci non sarebbe bastato. Poi è arrivato il colpo di genio.
«Guarda» ho sussurrato alla mia amica e, prendendo una delle sue pillole magiche, me la sono infilata sotto la lingua, senza ingoiarla. Lei ha capito, è scoppiata a ridere.
«Non ce la farai mai!» ha urlato.
E invece, come sempre, ce l'ho fatta.

LA VITTIMA
Ho ingoiato la pillola. Non mi aspettavo che Gabriel l'avesse già in bocca, quando mi ha baciato, ma trovarla lì non mi ha stupito: queste azioni lascive sono tipiche di lui. In quel momento, comunque, ero troppo preso dal bacio per ragionare e, in fin dei conti, volevo scrollarmi di dosso l'etichetta di noioso della serata; non mi andava giù il pensiero che il mio compagno fosse scontento di me fino a quel punto. Così, ho approfittato dell'eccitazione del bacio per convincermi, e sono entrato anche io a far parte del loro club.

La pastiglia si era già dissolta per metà sotto la lingua di Gabriel, per cui ho ingerito una quantità ridotta di stupefacente, ma sono partito lo stesso. A dieci minuti dal bacio ero già in piedi, a venti stavo ballando con Ines, a trenta mangiavo burritos e circa un'ora dopo ero chiuso in bagno a farmi divorare dal mio ragazzo. Lo racconto con questa secchezza e questa rapidità perché non ci sono dettagli da aggiungere o piaceri particolari su cui soffermarsi: non ricordo nient'altro. La vita mi scorreva davanti in diapositive colorate e bidimensionali e le poche immagini rimaste hanno le stesse caratteristiche, sono piatte e essenziali.

Il giorno dopo, mi sono risvegliato nella camera degli ospiti di Ines, circondato da tre o quattro persone sconosciute, senza felpa e con un gran mal di testa. Ho vomitato prima di riuscire ad arrivare in bagno e poi, pronto al peggio, ho guardato l'orologio: erano le tre di pomeriggio. Avevo saltato un turno di lavoro senza avvisare, mancato tutti gli impegni con mia sorella, e mi sentivo uno schifo. Odio perdere tempo, soprattutto quando si tratta del *mio* tempo. La consapevolezza di aver buttato al vento una giornata intera mi fece tornare la nausea; fuggii in bagno e ci rimasi per le due ore successive: i dolori allo stomaco, invece di diminuire, aumentavano, e la testa minacciava di esplodere.

Gabriel è arrivato dopo non so quando, riemergendo dalle lenzuola che aveva condiviso con Ines come una Venere appena nata. Si era strafatto per tutta la sera, eppure non mostrava il minimo segno di malessere. La sua bellezza mi disturbò così tanto che gli urlai contro. Lui si limitò a incrociare le braccia, alzando gli occhi al cielo.
«Perché te la prendi con me? Quando hai sentito la pillola in bocca, potevi sputarla, invece l'hai mandata giù. È stata una tua scelta».
Non potevo ribattere, aveva ragione. Io avevo deciso di seguirlo alla festa, io mi ero trattenuto lì fino a tarda notte e sempre io, sottomesso al desiderio, avevo ceduto alla tentazione. Ero l'unico colpevole di tutto e, per punirmi, sopportai in silenzio i postumi della serata per i due giorni successivi.

LO SPECIALISTA
Il verbo "sedurre" viene dal latino e ha l'antico significato di *"condurre con sé"*. Quest'informazione etimologica ci permette di analizzare con lucidità la storia di Ilario e Gabriel, interamente basata sulla forza della seduzione.
Molti soggetti affetti da narcisismo, imbevuti di autostima e manie di grandezza, sono dotati di un fortissimo fascino. Il loro magnetismo è dovuto alla

sicurezza e alla sfrontatezza con cui riescono a far fruttare le loro capacità, in modo da apparire determinati, ammiccanti, terribilmente attraenti.
È questo il caso di Gabriel, un uomo ammaliante, insolente, ribelle, ma anche osservatore acuto e crudele. Grazie al suo sguardo sempre vigile, è riuscito a far combaciare le proprie qualità "naturali" con i bisogni inespressi del compagno, Ilario.
Senza che lui se ne accorgesse, lo ha abituato a uno stile di vita dominato dal pensiero del sesso e governato dal meccanismo dell'asino e della carota: in questo universo, Gabriel si offre come cibo, allo scopo di convincere il proprio partner a seguirlo ovunque. Questa struttura "a premi", rende la relazione molto simile a un corso d'addestramento per animali e, alla lunga, non può che risultare nociva. È giusto, di tanto in tanto, accettare dei compromessi e lasciarsi andare alle tentazioni, ma nel caso presentato ci troviamo già oltre il confine di sicurezza: Gabriel limita la libertà del compagno servendosi della sua sessualità prorompente, e lo costringe a compiere azioni pericolose, illegali, che stridono con la morale di Ilario, con i suoi desideri e i suoi affetti. Le tecniche di seduzione adoperate per giungere alla meta sono da manuale: risposta esplicita a determinate fantasie sessuali, manipolazione implicita tramite vestiti e colore

di capelli, adulazione tra le lenzuola e insulti fuori dal letto. Ogni cartuccia viene sparata nel momento e nel modo giusto.

Alla festa, per esempio, Gabriel definisce il compagno "noioso" e non è un caso; con quel giudizio sta lanciando un messaggio ben preciso, qualcosa del tipo: "se continui a comportarti così, non avrai la tua ricompensa." E la ricompensa è, molto banalmente, Gabriel stesso.

Insomma il nostro manipolatore riesce, usando il sotterfugio più antico del mondo, a tenere sotto scacco il proprio compagno. E lui, perennemente confuso e stravolto, come un topino in balia del flauto magico, nel momento in cui si risveglia compie un altro errore: dà la colpa a se stesso, andando a minare la sua già traballante autostima. Per uscire da questo circolo vizioso, Ilario dovrebbe ammettere la colpevolezza di Gabriel e riconoscere il modo contorto in cui usa il sesso per controllarlo. Solo così riuscirà a pararsi dai colpi della seduzione prima che arrivino e, forse, potrà iniziare a prendere le proprie decisioni autonomamente.

LA FAMIGLIA NON SI SCEGLIE

LA STORIA

L'anziana donna era distesa sul letto. Il respiratore accanto a lei ronzava sommessamente, le coperte adagiate sul suo petto si muovevano appena, l'odore pungente dell'alcol ristagnava sui mobili antichi e sulle foto in bianco e nero.

Paola era uscita dalla stanza per liberarsi un attimo le narici da quel tanfo; stava fumando sul balcone della cucina e rifletteva sul fatto che, dando una sistemata alle mattonelle esterne, il valore della casa sarebbe cresciuto di un bel pezzo. Il rombo di un motore familiare la riscosse da quei sogni di ricchezza. Spense la sigaretta sulla ringhiera, si spruzzò addosso litri di profumo e tornò al capezzale della vecchia suocera. Cinque minuti dopo, suo marito attraversava la porta.

«Eccomi! Ho fatto più in fretta che ho potuto».

Allungò alla moglie la busta della farmacia, e solo dopo si tolse il casco e i guanti da motociclista; nonostante la tenuta anche lui era già in avanti con gli anni. Paola analizzò sommariamente il contenuto della busta, poi annuì.

«C'è tutto, anche gli antidolorifici che tua sorella aveva dimenticato. Sei più vecchio, ma decisamente più utile di lei».

Simone non commentò e sedette ai piedi del letto.
«Credi che senza quegli intrugli abbia sofferto molto?»
«Più del dovuto, di sicuro».
«Si è svegliata mentre non c'ero?»
«No, ma si è agitata un po'».
Lui sospirò, accarezzò la mano della moglie.
«Hai già fatto tanto per oggi, stacca un po'. Fumati una sigaretta».
Paola chinò la testa con fare remissivo e filò via, pensando con rammarico alla mezza Marlboro che aveva già gettato poco prima.
Simone invece restò a vegliare sua madre con l'apprensione e il terrore che solo un figlio devoto può provare quando, nonostante tutto, capisce che l'ora si sta avvicinando. L'agonia era iniziata due settimane prima, e non sembrava destinata a fermarsi. Secondo i medici, ormai era questione di giorni. Simone sapeva già da tempo che la madre era malata, ma quella notizia l'aveva abbattuto comunque; non si è mai abbastanza pronti a lasciare andare chi amiamo. Ben consapevole di non poter arrestare la caduta, l'uomo si era ripromesso quantomeno di frenarla, rendendola dolce e dignitosa. Per questo, passava circa quattro giorni su sette a casa della madre, aiutava l'infermiera appena assunta, a volte dormiva perfino lì. Voleva essere presente nel momento in cui fosse successo, ma

iniziava anche a percepire la stanchezza, mentale e fisica, delle ultime settimane. Per fortuna sua sorella, che viveva fuori città, era tornata a dargli man forte, e si alternava con lui nell'attraversare le stazioni di quel lungo calvario. Anche se, forse troppo sconvolta dalla situazione, quella mattina aveva dimenticato di comprare le medicine giuste...
«Che ne dici di cenare?»
Paola si era affacciata alla porta e lui le sorrise tristemente. Lei era la sua vera forza, la sua vera roccia. Durante quelle ore interminabili, non si era mia tirata indietro, mai lamentata; si prendeva cura dell'inferma come se fosse sua madre, le sistemava i cuscini sotto il capo, la vestiva ogni giorno, non la lasciava mai sola. Simone era felice di averla sposata.
Insieme, quella sera, si ritirarono nella cucina carica di ricordi; tra quelle mura, Simone aveva mosso i suoi primi passi insieme con Gaia, sua sorella. Sedette a tavola ricordando l'allegria dei pranzi domenicali, i manicaretti di sua madre, i discorsi politici di zio Antonio e le urla dei cuginetti più piccoli. La metà di quella gente, adesso, non esisteva più...
«Ma che cavolo!»
L'uomo a tavola si riscosse e guardò la moglie, che imprecava con la testa dentro il frigo.
«Qualcosa non va?»

«Ero sicura di aver lasciato qui un po' di arrosto ieri».

«Forse ti sei confusa?»

«No, avevo fatto quattro porzioni proprio per evitare di cucinare stasera».

«Allora non so...»

«Beh lo so io. È stata tua sorella. Ha svuotato il frigo e poi non si è nemmeno preoccupata di rimetterci qualcosa dentro per noi».

La donna sbuffò e chiuse l'anta. Simone sospirò.

«Cerca di capirla» disse, «in questi giorni ne sta passando tante».

«Anche noi ne passiamo tante, e da più tempo, dato che non siamo fuggiti in un'altra città come lei».

L'uomo non rispose; era troppo stanco per discutere e temeva che, facendolo, avrebbe finito col dare ragione a sua moglie. Non voleva farsi avvelenare il sangue dall'astio, non adesso che la situazione era così grave. Mangiò insieme a sua moglie brodo e pane secco, poi lesse a sua madre qualche pagina di libro e alla fine si addormentò nel letto della propria infanzia. Il giorno dopo baciò la fronte della madre con rassegnazione mischiata a speranza; pregava affinché non se ne andasse mentre lui era al lavoro.

«L'infermiera è appena arrivata» lo informò Paola. «Ma tua sorella no. Io tra un po' devo uscire...»

«E uscirai, in negozio hanno bisogno di te. L'infermiera sa cavarsela».
«Sai che non mi va di lasciarla sola in casa».
Simone abbracciò la moglie.
«Hai davvero un cuore d'oro, ma adesso mettilo da parte. Paghiamo un'infermiera perché si occupi di queste emergenze, quindi non sentirti in colpa».
«Già, la colpa non è sicuramente mia».
Quella frase fu pronunciata con una certa acidità, che Simone addebitò alla stanchezza. Dieci minuti dopo, sia lui che sua moglie raggiungevano il posto di lavoro. L'uomo si rifugiò nel proprio negozio di lampadari con il desiderio di distruggerli tutti, per sfogare il dolore, per placare l'ansia. Concentrarsi sui clienti e trattare con i fornitori, in quelle condizioni, era più difficile che mai. Per fortuna i suoi dipendenti, che erano a conoscenza della situazione, gli davano man forte. Così la giornata passò in un ambiente gioviale, luminoso fino allo spasmo, lontano mille miglia dalle atmosfere soffuse e mortuarie della sua vecchia casa. Grazie alle distrazioni del proprio impiego, Simone era riuscito a dimenticare quella pesantezza per un po'. Mentre abbassava la saracinesca, però, squillò il cellulare. Era Paola.
«Amore, devi correre. Manca poco».
Il cuore di Simone perse un battito, per poi riacquistarne tre o quattro tutti insieme. Corse verso la

moto ansimando, sudando freddo. La inforcò in automatico, guidò sbandando lungo tutta la strada e, arrivato sotto casa, scoppiò in lacrime. Ma non poteva farsi rallentare; anche un solo secondo avrebbe potuto fare la differenza. Si precipitò sulle scale come un uragano e piombò nella stanza della madre stravolto dalla disperazione.

Sua moglie e l'infermiera erano lì. La malata, a letto, respirava ancora. Simone crollò in ginocchio.

«Tesoro», gli sussurrò Paola all'orecchio, «ha avuto un attacco, ma adesso si è ristabilizzata».

«Come, cosa...»

«Vieni di là, spogliamoci».

«Ma non posso lasciarla!»

«Barbara ci chiamerà se ne ha bisogno. Devi rilassarti, vieni».

Simone seguì la moglie in salotto. Solo allora notò che anche lei aveva ancora addosso il cappotto.

«Sei arrivata da poco?»

«Quando ti ho chiamato».

«Gaia se n'era già andata?»

«L'infermiera mi ha detto che tua sorella non si è presentata affatto oggi».

L'uomo vacillò sul posto e poi si schiantò sul divano, come fulminato.

«Cosa… che vuol dire? Mi aveva scritto un messaggio dicendo…»
«Ti ha mentito» tagliò corto Paola, senza mezzi termini. «Qui non si è fatta vedere e, come avevo previsto, nelle mani della sola infermiera tua madre si è agitata, è stata male».
«Non penso che le due cose siano collegate».
«Io invece sì. Ormai la malattia ha fatto il suo corso. Ciò che la influenza di più sono le emozioni, e restare sola con un'estranea non la rende di certo felice».
Simone affondò nella poltrona in silenzio. Recarsi al negozio era stato un errore, cercare di distrarsi un atto egoistico…
«So cosa stai pensando, ma non è colpa tua» intonò Paola, sedendogli accanto. «Tua sorella…»
«Se non aveva intenzione di prendersi le sue responsabilità, perché è tornata?» sputò lui.
Sua moglie fremette, si morse le labbra.
«Io… non vorrei…»
«Non vorresti cosa?»
«Siete entrambi stanchi, non voglio peggiorare la situazione».
«Paola, dì quello che pensi. Non può andare peggio di così».
«Io… credo che lei sia tornata solo per la lettura del testamento».

Simone ebbe un fremito. L'eredità, il testamento. Se ne era dimenticato, non ci aveva mai pensato, non...
«Signor Simone!» la voce allarmata dell'infermiera squarciò il silenzio. L'uomo sulla poltrona saltò in piedi. Sua madre era la cosa più importante, adesso, e non l'avrebbe trascurata per nulla al mondo.

LA MANIPOLATRICE

Gaia è sempre stata uno spirito libero. L'ho conosciuta quando era poco più che quindicenne, con i suoi piercing e l'aria da ragazza ribelle che andava tanto di moda negli anni ottanta. Le sue scorribande di allora erano solo una facciata; la bimbetta studiava, e anche bene, tanto che ha lasciato casa per l'università e dopo ha creato un impero dal nulla, in una città sconosciuta. Non le è mai importato del negozio di famiglia, né dei suoi genitori. Quando suo padre è mancato, lei era in Australia a spassarsela; è tornata in fretta e furia, ma ha lasciato i figli a godersi l'Oceano perché "troppo piccoli per un funerale"; in realtà voleva dire che neanche i mocciosi erano interessati a quel ramo della famiglia rimasto in Italia, più povero ma anche più fedele, autentico.
Ecco perché quella donna non meritava un centesimo dell'eredità di sua madre. Per quasi vent'anni, mentre lei era in giro per il mondo, siamo stati io e Simone a

prenderci cura della vecchia, abbiamo sacrificato la nostra vita coniugale per placare le sue lamentele e pagare le sue cure. Certo, la figlia dispersa chiamava ogni sera, stipendiava il badante, tornava per mesi ogni estate ma, in confronto al nostro impegno, il suo era ben poca cosa.
La odiavo. Aveva costruito la propria fortuna dando per scontato il fatto che noi saremmo rimasti qui per sempre, a vendere lampadine e a occuparci dei suo genitori. Non potevo sopportarlo. Nel corso degli anni ho sempre cercato di mettere in luce il suo menefreghismo, forse forzando un po' la mano in certi casi: non dicevo a Simone delle sue chiamate, non la ringraziavo mai per i regali che ci portava a Natale, quando cercava di videochiamare la madre inventavo dei problemi di linea. Insomma, volevo isolarla, far capire a tutti che la colpa di ogni dissapore, in famiglia, era da imputare a lei. Mia suocera era troppo vecchia e malata per lasciarsi fuorviare, ma Simone negli ultimi tempi ha iniziato a cedere. La stanchezza derivata dalla malattia della madre l'ha reso più nervoso, e l'amore che prova per lei più battagliero; dovevo approfittare della situazione drammatica per tirarlo dalla mia parte. Così, almeno una volta al giorno, citavo sua sorella con tono scocciato, sconsolato, offeso. Quando l'occasione per attaccarla non si presentava, mi premuravo di

crearne una io. Ho gettato nel water gli antidolorifici, per dimostrare la sua sbadataggine; ho dato da mangiare l'arrosto al cane, per sottolineare la sua insensibilità nei nostri confronti; e, per finire, ho offerto dei soldi all'infermiera affinché mi aiutasse a screditarla.
«Non ho visto la signora Gaia oggi» ha detto, recitando egregiamente la sua parte, quando Simone le ha chiesto delucidazioni. Non temeva alcuna ripercussione; il compenso che le avevo dato era così alto che, quella sera stessa, si è licenziata.
Poche ore dopo, mia suocera è spirata. Gaia non era lì, e mi sono incaricata io di chiamarla; l'ho fatto più lentamente di quanto le circostanze avrebbero richiesto, e Simone è stato quasi un'ora a chiedersi che fine avesse fatto sua sorella. Quando è arrivata, si sono abbracciati piangendo, perché il dolore comune appiana ogni risentimento. Ma sapevo che, dopo il funerale, l'astio sarebbe tornato e mi avrebbe reso vincitrice.

LA VITTIMA

È passato quasi un anno dall'accaduto. Un anno da quando mia madre è morta, un anno da quando non parlo più con mia sorella. Per me è difficile rivangare certe cose, quei momenti sono stati i più caotici e

dolorosi della mia vita; avevo appena perso l'ultimo dei miei genitori, e mi sentivo abbandonato dall'unico membro della famiglia rimasto in vita.
Sapevo che Paola provava una certa antipatia per Gaia, quindi cercavo di lasciarmi scivolare i suoi commenti addosso, ma non ci sono riuscito. Una membrana impermeabile di scarsa qualità, sottoposta per anni alla pioggia battente, anche se può schermare l'acqua, finisce sempre con lo spezzarsi sotto il suo peso. Io mi sono spezzato così, dopo il funerale, in un momento di estrema debolezza. Mentre piangevo la mia defunta madre, ho sentito mia sorella discutere col marito delle spese funebri. Avevamo perso la donna che ci aveva messo al mondo, e lei pensava ai soldi. Non ci ho visto più. Sono intervenuto, ho urlato, le ho chiesto dove diavolo fosse il giorno prima.
«Sono corsa qui appena mi avete chiamato!» si è difesa lei.
«"Appena" nel tuo vocabolario vorrebbe dire un'ora dopo?»
«Ma cosa...»
«E per la mattina, che scusa hai? Perché non eri qui?»
«Simo, sei impazzito? Sono stata tutta la mattina in camera con lei, l'ho lavata, le ho letto il giornale e...»
Ha continuato a parlare, ma io non la ascoltavo già più. Sono tornato a casa con il cuore più nero che mai. Con

l'aiuto di Paola, ho convinto il notaio a rimandare la lettura del testamento. Ormai appoggiavo la sua teoria, e volevo vedere come avrebbe reagito mia sorella a quel ritardo. Diversamente da quanto mi aspettavo, ha rispettato il suo programma precedente.

«Ho già prenotato i biglietti del treno, lo sai. Se ti va, fammi sapere cosa dice il notaio».

Il suo tono glaciale, causato dal mio comportamento, investiva anche il resto; lei partiva, se ne andava, non restava per difendere i suoi interessi in fatto di eredità.

«Scappa con la coda tra le gambe» diceva Paola, «*perché sa di avere torto».*

Il lascito di mia madre era, come mi aspettavo, poco consistente. Donava a me la casa in città, lasciava a Gaia quella in campagna, e destinava poche migliaia di euro a ogni nipote. Erano tutte decisioni che approvavo, ma Paola mi ha convinto a pretendere anche la seconda casa.

«Dopotutto, tua sorella non viene mai qui».

Non aveva tutti i torti. E Gaia sembrava d'accordo.

«Prendila pure» mi disse al telefono. *«Sembra l'unico modo che hai per convincerti che non sono un'approfittatrice».*

Quella frase mi colpì, ma non indagai mai oltre. La verità è venuta a galla solo qualche tempo fa, per caso.

Rientrando per la cena, ho udito uno stralcio di conversazione telefonica.

«Sì, potremmo organizzare una settimana bianca. Per fortuna mi sono liberata di Gaia».

A parlare era mia moglie. Da lì, vi lascio immaginare come sia proseguita la storia: io che chiedo spiegazioni, Paola che smentisce, mia sorella che torna in città. Era troppo. Ho tagliato i ponti con tutti e mi sono rifugiato in montagna. Vorrei solo che mia madre fosse qui.

LO SPECIALISTA

Ci troviamo di fronte a una situazione raccapricciante, in cui il narcisista dimostra tutta la sua insensibilità, usando la morte per dare la spinta decisiva al proprio piano.

Paola e Simone sono sposati da oltre trent'anni e, dalle parole di lei, riusciamo a capire che il rapporto con la famiglia del marito non l'ha mai soddisfatta. Simone ha ereditato il negozio del padre, ma per Paola si tratta solo di "lampadine" senza pregio; la sorella, con sogni diversi, ha cercato fortuna altrove, e per questo viene condannata. I suoi tentativi di essere presente, anche a distanza, sono considerati falsi, il suo aiuto inutile, la sua esistenza una minaccia per la ricchezza futura.

Paola, materialista e individualista, analizza ogni cosa dal punto di vista della funzionalità e, quando non ottiene ciò che vuole, incolpa gli altri. Pur sapendo che nessuno la costringe a rimanere in città (il marito ha rilevato l'attività del padre con il suo consenso), pur occupandosi dei suoceri raramente (come d'altronde fa Gaia da lontano), nella sua testa prende forma un'altra storia: trasforma l'invidia in sottomissione, e finge di essere in balia della volontà altrui. Convinta che questa sia la realtà, cerca di mostrarla anche al marito, aiutando il destino a compiersi con qualche trucchetto infido.

I commenti sferzanti, le bugie, l'attenzione ai dettagli sono tutti pezzi di un puzzle più ampio, che Paola ha costruito con l'aiuto del tempo e delle situazioni drammatiche. Da brava cacciatrice provetta, attacca la preda nei momenti di debolezza, in occasione di feste e riunioni di famiglia, gioiose ma anche delicate; quando sopraggiungono disgrazie, rigirando il coltello in una piaga già aperta; e poi giornalmente, dopo il lavoro, quando la stanchezza rende suo marito più vulnerabile e più incline ad ascoltare. Il dolore e la tristezza degli altri non la sfiorano; per molti narcisisti è difficile comprendere le emozioni delle persone che li circondano e, anche quando riescono ad afferrarle, provano indifferenza. La mancanza di empatia porta questi soggetti a compiere azioni al limite della moralità

e della giustizia, spesso convincendoli a macchiarsi di crimini efferati.
Paola compie i propri con naturalezza raggelante. Paga il silenzio dell'infermiera come se nulla fosse, si libera degli antidolorifici mettendo a repentaglio il benessere della suocera morente, getta la carne in pasto ai cani come vi getterebbe il proprio nemico, senza pensarci due volte. Con la stessa freddezza, gioca con il cuore del marito; si mostra ai suoi occhi gentile e compassionevole ma, allo stesso tempo, usa le parole per pugnalarlo alle spalle: tua sorella, tua sorella, tua sorella. È un tarlo che divora la mente e il corpo di Simone.
L'uomo, ragionevolmente distrutto dalla morte della madre, e vessato da anni di manipolazione sottile, esplode nel momento meno opportuno, durante il lutto, in una casa piena di condoglianze e dispiaceri. La sorella, anche lei provata dal dolore, non può credere alle proprie orecchie. Il litigio avviene davanti a tutti, il rapporto è compromesso. Eppure, nei mesi di silenzio che seguono, Simone inizia a covare dei dubbi. Il comportamento di Gaia non corrisponde all'immagine di lei che Paola ha dipinto. Alcune parole, colte di nascosto, incrinano la superficie del puzzle, e da quelle crepe spunta fuori la verità. Simone ha bisogno di tempo per riprendere contatto con la realtà e

ricostruire il rapporto con sua sorella. Paola, invece, dovrebbe disfarsi delle proprie invenzioni, a cui ha finito col credere, rendersi conto della gravità delle proprie azioni e accettare i fatti: la colpa è sempre stata sua.

LA FESTA DELLA DONNA

LA STORIA

«Carla, sbrigati! Siamo in ritardo!»

Rita inforcò la borsa e scese dalla macchina come una furia; l'amica, seduta sul sedile del passeggero, si stava dando una passata di mascara sulle ciglia, senza alcuna fretta. Rita era sempre così esagerata...

Toc Toc

Carla sobbalzò, mentre l'altra bussava al finestrino dell'Audi grigia per spronarla a scendere; lei la seguì sbuffando. In effetti, erano in ritardo di una ventina di minuti, e per colpa di Carla, o meglio, della miriade di imprevisti che le era capitata mentre si preparava: scarpe dai tacchi rotti, rossetti spezzati, maglioni con buchi in ogni dove. Non era mai stata una tipa particolarmente ordinata, non riservava ai propri averi trattamenti di favore e forse per questo loro avevano deciso di ribellarsi tutti insieme. Una volta tanto che aveva in programma di uscire con le proprie amiche!

Alla fine, snervata da tutti quei grattacapi, aveva indossato una semplice gonna lunga, delle scarpe basse e una camicetta semi trasparente. Una volta salita in macchina aveva narrato la sua prosopopea a Rita, ma lei ci aveva creduto poco; sapeva che la puntualità era un tallone d'Achille per Carla. In ogni caso, neanche gli altri membri del gruppo andavano famosi per la loro capacità di rispettare gli orari prestabiliti: Tina e Greta, infatti, non erano ancora arrivate. Dopo aver inviato a entrambe un messaggio minatorio, Rita, colei che aveva prenotato il tavolo, entrò con falcata sicura nel ristorante e si erse di fronte al bancone, pronunciando ad alta voce il proprio cognome; Carla la guardava, divertita e ammirata al tempo stesso; la sua amica era così fiera, così impavida...

«Signora mi dispiace, ma qui non risulta nessuna prenotazione a suo nome».

Ah!

A Carla parve di sentire l'esclamazione stizzita di Rita, che però la pensò senza pronunciarla, rivolgendo invece un generoso sorriso al responsabile di sala.

«Come sarebbe a dire che non c'è? Ho chiamato più di una settimana fa, proprio in vista della festa delle donne. Controlli meglio».

L'addetto, per quanto impaziente, diede un'altra occhiata al registro elettronico e trovò qualcosa.

«Ecco sì, c'è il nome ma, vede, è cancellato. Qualche giorno dopo la chiamata, la prenotazione è stata annullata».

«Ma come è possibile! Io non ho...»

«Signora, non siamo soliti cancellare una prenotazione senza motivo. Di sicuro abbiamo ricevuto una chiamata».
«Ma non da me! Io volevo venire a mangiare qui e lo voglio ancora». Rita batté una mano sul bancone, furente. «Quali sono i tempi d'attesa per un altro tavolo?»
Il responsabile sospirò, scrutò l'agenda. «Direi due ore, come minimo».
Rita non si diede neanche la pena di rispondere. Si voltò impettita, prese Carla a braccetto e uscì dal locale con espressione sprezzante.
«Rita ma che fai? Dove andremo a mangiare? Sono già le nove».
«Ci sono molti locali in zona».
«Ma saranno tutti pieni».
«Non mi importa, anche se dovessi aspettare più di due ore, preferisco mangiare in qualsiasi locale, basta che non sia questo!»
Le altre, quando arrivarono, furono d'accordo con lei. Così, le quattro donne setacciarono la zona, si appropinquarono a un pub, ingannarono l'attesa di un'ora fumando e bevendo, per poi sedersi al tavolo brille. La disavventura della prenotazione si era già trasformata in qualcosa di divertente.

Carla adorava quell'atmosfera, le ricordava la gioventù, le notti interminabili passate per strada con quelle stesse ragazze, l'odore di birra e smalto, i vestiti corti e le calze strappate, le risate e tutti i pericoli scampati per miracolo. Certo, adesso non era esattamente lo stesso, il tempo era passato e loro cresciute; ora nelle loro discussioni si intrufolavano figli e mariti, nei loro sfoghi aneddoti di lavoro, nei loro segreti confessioni da adulte. Nonostante questo, però, Carla riusciva a sentire che il germe della loro amicizia era rimasto lì, vivo e inattaccabile. Se lo godette per tutta la cena con il cuore pieno di gioia. Non le capitava spesso di uscire con le altre, soprattutto la sera…
«Oh ma quello è Tim! Oi Oi Tim!»
L'urlo di Greta risuonò per tutto il locale, e l'uomo interpellato, seduto su uno sgabello, si voltò. Era proprio Tommaso, un loro antico compagno di scuola.
«È cresciuto bene» sussurrò Rita, mentre lui si avvicinava al tavolo sorridente.
Lo invitarono a sedersi e bevvero qualcosa insieme. Fu bello riesumare dalla tomba le memorie scolastiche che ancora li legavano, ma Carla cercò di tenersi in disparte. Non che avesse qualcosa contro Tim o le rimembranze del liceo, però il suo arrivo l'aveva destabilizzata; gli uomini non erano previsti nella serata, di questo si era

convinta, questo aveva detto a suo marito per rassicurarlo, per ammansirlo...
Tim, in ogni caso, tornò presto al proprio posto e, prima di mezzanotte, le quattro amiche lasciarono il locale. Erano felici, soddisfatte e abbastanza lucide; i fumi dell'alcol si erano spenti grazie al cibo.
«Appena in tempo per guidare» si vantò Rita, facendosi saltare le chiavi dell'Audi in mano. Quando fu di fronte all'auto, però, il sorriso le morì sulle labbra. Il parabrezza era fracassato e le crepe si diffondevano dal centro fino gli angoli, aprendosi come un macabro fuoco d'artificio congelato; le gomme, tutte e quattro, erano state squarciate, e se ne stavano afflosciate a terra inermi. La luce fredda di un vecchio lampione gettava sulla scena ombre attonite e silenziose. Rita era senza parole. Le sue amiche cercarono di trovarne qualcuna per consolarla.
«Che bastardi! Ma chi può essere stato?»
«Eppure è un quartiere così tranquillo».
«E poi perché proprio la tua, ce ne sono tante qui...»
La donna le zittì tutte con un gesto della mano.
«Chiamo il carro attrezzi. E la polizia. Voi intanto andate».
«Sei pazza, non possiamo lasciarti sola».
«Ho detto...»
Beep Beep

Il suono di un clacson riscosse tutte e quattro. Si voltarono. Un uomo le fissava dall'alto di un SUV nero.
«Ragazze, va tutto bene?»
Carla riconobbe Riccardo, suo marito. Un terribile presentimento si impossessò di lei.
«Amore… tu… che ci fai qui?»
L'uomo disse che stava facendo un giro con qualche amico, si fece raccontare l'accaduto, propose a Rita di aspettare i soccorsi con lei, ma alla fine si rivolse alla moglie.
«Se non hanno bisogno di noi, torniamo a casa».
Carla sapeva che non si trattava di un suggerimento, ma di un ordine. Tentò di sorridere alle proprie amiche.
«Ragazze, non vi dispiace se…»
Le altre scossero la testa, decisero di aggiornarsi per messaggi, salutarono. E Carla salì sul SUV. Riccardo partì con una sgommata, lasciando ruggire il motore sul suo silenzio. La moglie si morse l'interno della guancia.
«È una fortuna che tu fossi nei paraggi» sussurrò, incerta.
Nessuna risposta.
«Ti sei ricordato che avevamo prenotato qui?»
Ancora silenzio.
«Comunque, nonostante la botta finale, è stata una bella serata».

Riccardo frenò all'improvviso. Carla urlò e parò l'urto in arrivo con le mani sul cruscotto. Erano fermi in un parcheggio vuoto e una voce terribile vibrò nell'abitacolo.
«Avevi detto che non ci sarebbero stati uomini».
Carla si congelò sul posto. La voce continuò.
«Avevi detto che per le undici saresti stata a casa».
Silenzio, sospiro tremante.
«Ma hai mentito».
Un pugno si abbatté sul volante. Carla si ritirò verso lo sportello.
«Amore... Tim, lui era solo una vecchia conoscenza e...»
Ma il marito la interruppe, si protese verso di lei, scostò rudemente i lembi del suo cappotto.
«E guarda come ti sei vestita!» tuonò. «Sembri una sgualdrina! Io ti ho dato il permesso di festeggiare questa cazzo di festa, e tu mi ripaghi così».
Carla distolse lo sguardo, ingoiò le lacrime.
«È solo... le luci in questi pub sono molto basse, lì dentro non si notava la trasparenza».
«Oh ma a te sarebbe piaciuto farla notare, non è vero? Scommetto che Tim non se l'è lasciata sfuggire, già che c'eri potevi mostrargli le gambe e scopartelo in bagno».
Riccardo ridacchiò a voce bassa, ansimante, minaccioso. Carla non osò replicare. Quando suo marito era in preda alla rabbia, ogni parola rischiava di

peggiorare la situazione. Così rimasero lì, al buio, finché lui non riaccese il motore.
«Hai anche fumato» constatò, abbassando il finestrino. «Che schifo».
Carla chinò il capo, inspirò profondamente, non disse nulla. Nella sua borsa, il telefono vibrava, le ragazze la cercavano.
«Non rispondere» le intimò il marito, quasi ringhiando. «Quelle idiote non le vedrai più. Mi hai capito? Toglitele dalla testa».
Carla annuì, impotente. Pensò alla macchina distrutta di Rita. Si sentiva allo stesso modo, a pezzi. E l'autore di entrambi i delitti era lì, accanto a lei.

IL MANIPOLATORE
Mia moglie crede ancora di essere una ragazzina. Non si rende conto che il tempo delle seratine tra amichette del liceo è finto da un pezzo, e che il suo nuovo ruolo di moglie la lega a delle responsabilità precise nei miei confronti.
La Festa della Donna può essere nata con buoni intenti, ma negli ultimi anni si è trasformata in un pretesto per fare follie senza essere giudicate. Party discinti in discoteca, cene che si trasformano in gare di bevute, e uomini-avvoltoi che si gettano su queste povere ingenue ubriache e strafatte. Le amiche di mia moglie

non hanno mai brillato per intelligenza o buona condotta, condividono la visione secondo cui la libertà debba essere ribadita con la sessualità; insomma, sono delle civette patentante, per non usare termini peggiori. Sapevo che, insieme a loro, Carla sarebbe stata in pericolo, perciò ho cercato di dissuaderla dall'andare alla cena. Le ho fatto notare che, uscendo da sola, avrebbe potuto dare un'impressione sbagliata di noi, della nostra relazione; se un amico o un parente l'avesse vista bere e fumare con la sua cricca, cosa avrebbe potuto pensare di me? In quanto marito, non ci avrei fatto una bella figura.

Per questo, lei mi ha assicurato che non avrebbe bevuto, né fumato. E, inoltre, ha ribadito più volte che si sarebbe trattata di una serata di sole donne. Così, ho ceduto. O, almeno, ho finto di cedere. Sapevo che le sue amiche oche avrebbero trasformato la festa in una serie di eccessi vergognosi, e non potevo permettere che Carla ci andasse. Allora ho cercato di sabotare la sua preparazione, strappando vestiti, rompendo scarpe, sciogliendo rossetti nell'acqua. Ma, ben prima di tutto questo, mi sono adoperato affinché la cena non avesse luogo: ho chiamato la pizzeria da loro scelta e ritirato la prenotazione. Pensavo che il ritardo provocato dalle trappole a casa, unito alla perdita di un posto in cui mangiare, avrebbe fatto naufragare la serata e riportato tutte a casa. Alle dieci, però, Carla non era ancora rientrata e io ho iniziato a preoccuparmi. Sono uscito e ho raggiunto la pizzeria; guardando dalle finestre, mi sono assicurato che le ragazze non fossero lì. Poi, ancora inquieto, ho setacciato tutti i locali vicini: sono entrato avvolto in una sciarpa, ho chiesto informazioni che non mi interessavano, ho scrutato ogni tavolo. Alla fine, le ho trovate in un pub di quarta categoria, sedute in un divanetto, a ridere sguaiatamente, facendo scontrare i loro allegri boccali di birra. Il sangue mi è salito alle tempie, ma mi sono trattenuto dall'intervenire. Non potevo fare una scenata lì davanti a tutti. Mentre mi avviavo verso la porta, però, ho sentito una di quelle galline urlare.

"Oi oi Tim!"

Era il nome di un uomo! Mi sono voltato e ho assistito al completo tradimento della mia fiducia; quel belloccio si era accomodato al tavolo con loro, beveva con loro, rideva con loro! E mia moglie, lì accanto, partecipava a quella scena patetica, irrispettosa. Il mio onore era del tutto compromesso. Per salvarlo, avrei dovuto picchiare Tim, tirare mia moglie fuori da quel porcile e trascinarla dritto a casa. Ma, ancora una volta, ho fatto appello al mio autocontrollo. Quello stronzo di Tim non aveva colpa; gli uomini sono sempre vittima delle lusinghe femminili. Ad organizzare tutto era stata Rita, ed è lei

che ho deciso di punire per prima. Così, ho conciato per le feste la macchina di quell'arpia e ho atteso che uscisse per godermi la sua reazione. È stato appagante veder scomparire quei sorrisi ebeti dalle loro facce! Carla era impietrita, forse aveva già intuito qualcosa. Quando è salita in macchina, non riusciva neanche a guardarmi in faccia. Ci credo! È l'atteggiamento tipico di ogni colpevole: pentirsi, vergognarsi, cercare pietà. Ma io non mi sono fatto ammorbidire e ho usato l'ira rimastami per ristabilire l'ordine.
Da tempo, ormai, ero riuscito ad allontanarla da quelle poco di buono; le sentiva sempre meno, non ci usciva quasi mai. Con la vittoria di quella serata, ho ottenuto molto di più: le ho eliminate dalla sua vita.

LA VITTIMA

Un momento prima ero felice, spensierata come non mai. Tenevo molto a quella cena, non vedevo le mie amiche da mesi e non mi concedevo un pasto fuori da molto di più. Sapevo che la notizia non avrebbe fatto piacere a Riccardo; secondo lui, le donne sposate non hanno bisogno di godersi una pizza con le amiche. *«Sono passatempi da teenagers»* diceva, con un sorriso serafico in volto. In un primo momento, mi aveva quasi convinto, ma poi è intervenuta Rita. Quando le ho

confidato il motivo della mia indecisione sulla festa, lei è esplosa.
«Carla, ma che stai dicendo? È solo una cena, e per venire non hai bisogno del permesso di nessuno!»
Aveva ragione, razionalmente lo sapevo, eppure mi sentivo in torto; avevo paura che il mio comportamento potesse far soffrire Riccardo. In ogni caso, grazie all'insistenza delle altre, alla fine mi sono impuntata. *«Ci vado»* ho dichiarato, promettendo di comportarmi bene.
Lui ha accettato la mia presa di posizione con una tranquillità inedita, un pizzico derisoria, ma non risentita. Nei giorni precedenti all'evento mi ha chiesto cosa avrei indossato, in che locale avevamo prenotato, con che macchina saremmo andate. Domande normali, insomma, anche se, conoscendolo, avrebbero dovuto azionare il mio campanello d'allarme.
Alla cena mi sono divertita, pur nei limiti impostomi dal senso di colpa; a ogni bicchiere di birra, a ogni boccata di fumo, mi sentivo un po' più vile. Non mi stavo comportando bene, e l'arrivo di Tim ha peggiorato le cose. Ho ringraziato il cielo che Riccardo non fosse lì a guardarmi. Che stupida!
Ciò che è successo dopo non me la sento di rievocarlo nel dettaglio. A pensarci, mi vengono i brividi. Riccardo mi aveva seguita e spiata; aveva distrutto la macchina

di Rita e forse c'entrava qualcosa anche con la prenotazione annullata. Tutte queste rivelazioni mi hanno spaventata, ma non sorpresa. Forse questo è l'aspetto peggiore: essere così tanto abituate ai soprusi, da trovarli quasi normali. In quel momento, non odiavo lui per averli perpetuati, ma me stessa per averli meritati. In fondo, non era forse colpa mia? Non avevo rispettato i divieti concordati (bere e fumare), mi ero messa addosso quella camicia appariscente, avevo parlato con un altro uomo senza farmi problemi. Ero una donna orribile, inaffidabile, una ragazzina che infangava il nome del marito, facendo la bella vita davanti a tutti.

Questo pensavo e così mi sentivo: terrorizzata, umiliata, sporca.

Nelle settimane successive, ho smesso di sentire le mie amiche, buttato la camicetta trasparente, cercato di farmi perdonare da Riccardo. Ma quelle sensazioni non passavano e io, alla fine, non ce l'ho fatta più. All'ennesimo messaggio di Rita, che mi chiedeva come stessi, ho ceduto. Ho risposto. E lei mi ha salvato.

LO SPECIALISTA

Questa volta abbiamo a che fare con un caso di abuso gravissimo, dove la sicurezza fisica della vittima viene messa a rischio insieme alla sua sanità mentale.

Riccardo è un uomo violento e possessivo; il suo retaggio maschilista gli impedisce di relazionarsi con le donne nel modo giusto, e la sua gelosia è nutrita da pregiudizi patriarcali a dir poco obsoleti. È ancora convinto che la moglie sia proprietà del marito e che, in quanto tale, dovrebbe rappresentarlo al meglio in società: niente comportamenti sconvenienti, niente divertimenti eccessivi, niente amiche con cui parlare né sigarette da fumare. Secondo la sua visione, Carla dovrebbe vivere sottomessa alla sua volontà, passando il tempo ad assecondarlo e adorarlo. Ogni volta che fa qualcosa di diverso, merita una punizione.
La donna, sottoposta per anni a questo regime manipolatorio, ha finito per introiettarlo. Capiamo dalle sue parole che, agli occhi del marito, si ritiene colpevole: ha fumato, bevuto, ha osato salutare un altro essere di sesso maschile! Carla compie ogni azione d'istinto, ma poi la cataloga come "peccato". Da questo, nasce il senso di colpa.
La tecnica usata da Riccardo è una delle più semplici, ma anche delle più forti: intimidazione, unita all'induzione di vergogna. L'uomo usa la propria superiorità fisica per incutere timore alla moglie e per vendicarsi delle sue amiche. Assalta la macchina di Rita senza pensarci due volte, esattamente come, in casa, ha già danneggiato gli oggetti di Carla: trucchi, scarpe,

vestiti. Non ha rispetto per le proprietà altrui e, anzi, le usa per imporre il suo regno del terrore. Dopo le dimostrazioni di forza fisiche, arrivano quelle verbali: Riccardo in macchina urla, insulta, non ascolta. Usa parole pesanti per imbrigliare la moglie al rimorso, si riferisce alle amiche con epiteti dispregiativi e dà ordini come un dittatore che non ammette repliche. Il suo temperamento rabbioso spaventa Carla, i suoi giudizi ingiuriosi la annientano psicologicamente. È una situazione intollerabile, che potrebbe sfociare in comportamenti addirittura più violenti e pericolosi. Carla deve approfittare dell'appoggio delle amiche e fuggire dalla follia di suo marito. Rita ha l'obbligo morale di denunciarlo, specificando nell'accusa le motivazioni del gesto. In questo modo, la legge capirà di trovarsi di fronte a un soggetto aggressivo, misogino, minaccia ambulante in cui altre donne potrebbero incappare. Da parte sua, Riccardo deve pagare il proprio conto con la giustizia e seguire una terapia psicologica adeguata. La sua concezione dell'universo femminile è ingiusta e crudele, le sue idee arretrate, i suoi desideri per niente giustificabili; se vuole diventare una persona decente, sarà costretto a cambiare.

SONO ORGOGLIOSA DI TE

LA STORIA

«Allora, come sto?»

Gloria fece una giravolta su se stessa e i tacchi picchiettarono sul marmo. La sua compagna, dal divano, sorrise.

«Forse sei un po' troppo sexy» azzardò. «Quegli stronzi ti mangeranno con gli occhi».

«Come fai a dire che sono degli stronzi?»

«È una qualità tipica dei recruiters, no? Li assumono per questo».

Gloria ridacchiò, ma l'ilarità non riuscì a sciogliere il groppo d'ansia che le stringeva la gola. Mancavano solo due ore al colloquio più importante della sua vita…

«Perché non cambi scarpe?» propose Luisa, che ancora la guardava. «Queste sono da vip, forse si aspettano qualcosa di più umile. E poi, sempre meglio stare comodi».

«Hai ragione, non posso aggiungere la paura di cadere dai tacchi alla lista delle preoccupazioni».

Gloria si fiondò in camera da letto, sostituì le décolleté con dei sandali dal tacchetto basso, poi abbinò un foulard grigio al tailleur forse un po' troppo scollato, e tornò come una modella sulla passerella del salotto.

Vedendola, Luisa gettò un fischio d'approvazione. La sua fidanzata rise.

«Vuol dire che va bene?»

«Tu vai sempre bene. E sono sicura che li conquisterai subito».

Luisa si alzò e le cinse i fianchi, per poi lasciarle un bacio sulla guancia; Gloria arrossì. Anche se stavano insieme da otto anni, i complimenti della sua compagna le facevano ancora quello strano effetto di piacere misto a imbarazzo. È così che funziona l'amore, dopotutto.

«Dovresti aiutarmi a sistemare i capelli» balbettò, sciogliendosi piano dall'abbraccio. «Sempre se sei libera».

«Oggi inizio il turno alle dieci, ho il tempo di farti da parrucchiera».

«Questo colloquio è capitato proprio nella giornata giusta!»

Le due donne si diressero insieme verso il bagno, dove la più giovane, armatasi di pettine e piastra, iniziò il suo lavoro.

Gloria cercò di approfittare delle sue attenzioni per rilassarsi. Aveva avuto quattro giorni di tempo per prepararsi, era sicura di essere adatta al posto offerto, aveva il supporto della famiglia, degli amici e, soprattutto, della sua ragazza. All'età di trentacinque anni non poteva dirsi una sprovveduta; di colloqui nella sua vita ne aveva sostenuti a bizzeffe, non c'era motivo di entrare nel pallone. Certo, l'azienda in questione stavolta era una delle più rinomate in campo farmaceutico e lei, fin dai tempi dell'università, l'aveva sempre occhieggiata con bramosia; i laboratori erano all'avanguardia, i dipendenti strapagati, le ferie assicurate. Tutti obiettivi che Gloria considerava irreali, poco accessibili, ma che adesso erano lì di fronte a lei, a pochi passi dalla sua vita. Il curriculum inviato in giro per il mondo finalmente era stato letto; la mancanza di personale già lamentata in altri campi, alla fine, si era fatta sentire anche lì. E lei, farmacista con la passione per la chimica, dopo anni passati a vendere sciroppi per la tosse, forse sarebbe riuscita a ritagliarsi un posticino nell'equipe di quell'azienda fenomenale! Tutti i mesi passati a fare gavetta, forse, erano serviti a qualcosa...

«Che ne dici del ciuffo in avanti? Troppo sbarazzino?»

Attraverso lo specchio, Gloria guardò teneramente la propria compagna, così seria e concentrata. Durante tutta la strada percorsa, le era sempre stata accanto, avallando le sue scelte e incoraggiandola quando era indecisa sul da farsi. Anche adesso la sosteneva, nonostante i danni che quell'assunzione avrebbe potuto apportare alla loro relazione. La sede amministrativa della PharmaUnit era in città, ma i laboratori no; quelli, in quanto impianti specializzati, erano dislocati in tre diverse zone periferiche della penisola e Gloria, in caso di successo, non sapeva a quale complesso sarebbe stata assegnata. Dunque la prospettiva di una relazione a distanza non era da escludere…

«Allora, come ti sembrano?»

Alla fine Luisa aveva fatto di testa sua, acconciando il ciuffo in modo morbido sulla fronte, e Gloria fu d'accordo con quella decisione. Alzandosi, la baciò, e poi corse a definire gli ultimi dettagli: orecchini, bracciali, rossetto. Mezz'ora dopo era pronta.

«Puoi darmi uno strappo tu fin lì, vero?» chiese, mentre rovistava nel cestino delle borse.

Luisa schioccò la lingua. «Eravamo rimaste così?»

«Mi avevi detto che eri libera quando te l'ho chiesto».

«Amore, si è fatto tardi ormai. Non posso portare te allo studio e poi tornare indietro per…»

«Va bene, va bene, non importa».

«Prendi tu la macchina grande, così farai bella figura anche nel parcheggio».

Gloria annuì, mise le chiavi della Clio in borsa e la baciò di nuovo.

«Comunque vada» disse Luisa, «sono orgogliosa di te».

La donna sentì i nervi distendersi; l'opinione della compagna era la più importante per lei. Grazie a quelle parole, uscì di casa con il cuore più leggero. Non le

piaceva guidare quando era agitata, ma stavolta non aveva alternative; pretendere ancora l'aiuto di Luisa era fuori discussione, anche lei aveva una vita e un lavoro, dopotutto. Così Gloria salì in macchina e fece qualche esercizio di respirazione per darsi una calmata; dentro e fuori, fuori e dentro. Accese la radio e collegò il proprio telefono all'impianto stereo, per mettere su un po' di musica classica; era l'unica che le conciliasse il sonno.
"Devo stare attenta a non addormentarmi però."
Scosse la testa e avviò il motore. Andava tutto bene. Si sentiva pronta, si sentiva carica. Partì tenendo gli occhi ben fissi sulla strada e le mani ancorate al volante. Il traffico mattutino era sempre presente, ma lei lo aveva previsto, perciò era uscita di casa in largo anticipo. Rispettò pedissequamente tutti gli stop, non superò nessuno sui rettilinei e si fermò con una certa condiscendenza al semaforo. Era quasi a metà strada, Debussy suonava nelle casse e il suo battito cardiaco si andava placando. Andava tutto bene, andava tutto bene...
Arrivò a destinazione cinque minuti in anticipo e scese dalla macchina solo leggermente sudata. L'ansia da prestazione non l'aveva ancora sommersa. Una volta dentro, si presentò in segreteria, attese in sala d'ingresso e poi, quando sentì chiamare il proprio nome, raddrizzò la schiena e seguì il responsabile delle

risorse umane. Seduta di fronte a lui, mise su il più professionale dei sorrisi. Ma l'uomo non ricambiò.
«Signorina, non ha ricevuto la mail d'avviso?»
«Mi scusi, di cosa stiamo parlando?»
«Stiamo parlando di un affare increscioso, che non mi andava di far svolgere alla segretaria, ma che in realtà dovrebbe essere già stato concluso, dato che l'abbiamo avvisata per tempo qualche giorno fa».
«Io… non capisco. L'ultima mail ricevuta dal vostro ufficio mi dava appuntamento alle dieci per…»
«Dunque non ha letto la rettifica?»
«Beh no…» Gloria si morse il labbro. Non si stava dimostrano affatto seria e precisa, come dichiarava il suo curriculum, ma non poteva fare altrimenti. Lei non aveva ricevuto alcuna mail!
«Mi scusi» disse quindi, schiarendosi la gola. «Era un'informazione riguardante data e orario del colloquio? Se vuole posso tornare un altro giorno».
«In realtà, signorina, non vogliamo che ritorni».
La donna, seppur seduta, fu presa da una vertigine.
«Io… non capisco… come mai? C'è stato qualche problema con la convocazione?»
«Mi rincresce doverne palare in questa sede. A un primo impatto, il suo curriculum risultava idoneo ai nostri standard, ma nei giorni successivi abbiamo rilevato qualche incongruenza nella sua formazione».

«Incongruenza… in che senso?»
«Alcuni dei corsi a cui ha partecipato negli ultimi anni non sono certificati. Le ore di tirocinio in laboratorio, o almeno quelle segnalate, sono più di quelle effettivamente frequentate durante il suo corso di studi. E il suo impiego in farmacia ci lascia supporre che lei sia più interessata all'ambito commerciale che non a quello sperimentale».
Gloria ascoltò con occhi vitrei e bocca spalancata. Non riusciva a credere alle sue orecchie. Sembrava che il curriculum di cui parlava quell'uomo non fosse affatto il suo.
«Mi dispiace che siate giunto a questa conclusione, ma le assicuro che la PharmaUnit è il mio sogno professionale da anni, ormai. Per quanto riguarda gli altri elementi citati, potrei vedere la copia del curriculum a cui lei fa riferimento?»
«Guardi, adesso non ho proprio il tempo di accontentarla».
«Temo di aver compiuto qualche errore nella compilazione, ma le assicuro che…»
«Ritengo improbabile che le esperienze e le certificazioni possano essere gonfiate per errore».
«Ma non io non ho modificato un bel niente, mi faccia…»

«Signorina!» sbottò l'uomo, alzandosi con fare oltraggiato. «La prego di accomodarsi fuori, o sarò costretto a chiamare la sicurezza».
Gloria boccheggiò, sbigottita. Poi, con tutta la calma del mondo, recuperò borsa, cappotto e cappello. Cinque minuti dopo era di nuovo nel parcheggio, incredula, imbambolata. I boccoli creati da Luisa si erano sgonfiati, il mascara le colava sulle guance insieme alle lacrime. Non sapeva cosa fosse successo. Leggeva la copia del proprio curriculum, salvata sul telefono, e le appariva impeccabile, invidiabile, perfetta come sempre. Eppure, sembrava che nessuno credesse a ciò che vi aveva scritto.
"Solo Luisa ha fiducia in me" pensò, con commozione disperata. *"Solo lei riconosce il mio valore. Gli altri, che vadano al diavolo!"*
Affondando il dispiacere nell'ira, Gloria risalì in macchina. Non avrebbe triplicato il suo stipendio, non si sarebbe trasferita in periferia. Poco male. Rimanere accanto alla sua compagna, l'unica che la amasse, le sarebbe bastato per essere felice.

LA MANIPOLATRICE

Gloria è sempre stata ambiziosa, pur senza accorgersene. Io l'ho conosciuta che era già laureata e impiegata in farmacia, ma il suo sogno era un altro:

voleva creare medicine, non venderle. A me non è mai sembrato che tra le due cose ci fosse una grande differenza, ma lei era ostinata: anche se aveva già un lavoro stabile, non si lasciava sfuggire gli annunci più nascosti, partecipava a corsi di formazione, mandava curriculum all'estero senza battere ciglio. Nei primi anni, quelli d'assestamento, la cosa mi infastidiva ma non mi preoccupava; non ero ancora innamorata di lei, e trovavo solo leggermente urtante che pensasse sempre alla carriera senza dare spazio alla nostra storia. Un urto che però, nel tempo, si è trasformato in disturbo vero e proprio. Quella ragazza era sempre impegnata tra scatole di pillole e provette da laboratorio, rimodellava il curriculum in continuazione, impazziva ogni volta che non riceveva risposta per una candidatura. Una vera scocciatura.
A volte cercavo di consolarla, ma il mio supporto era dettato dall'esasperazione; non ce la facevo più a sentirla parlare di lavoro, così la rassicuravo riguardo alle sue capacità, fingevo di approvare un suo ipotetico trasferimento, e poi stavo a guardare la montagna di indifferenza e rifiuto che la sommergeva. Sapevo che il suo era un campo difficile, e contavo sul fatto che non avrebbe mai trovato ciò che cercava. Il mio aiuto, in pratica, serviva a pomparla, e il mercato del lavoro faceva il resto, deludendola e costringendola a tornare

strisciando da me. Quest'alternanza di falsa forza e veri fallimenti è servita a ridurre il suo slancio. Negli ultimi tempi il ritmo della sua ricerca è rallentato, i suoi propositi si sono sgonfiati, ha iniziato a soffrire di attacchi d'ansia, ed era sulla buona strada per odiare quel mondo che per anni aveva sognato di abitare. Io la rassicuravo sottolineando quanto la colpa fosse degli altri, della loro cecità, della loro società sessista; addossando tutte le responsabilità alla controparte, le impedivo di migliorarsi. Credevo che presto si sarebbe rassegnata a vivere con me, tra i comuni mortali, in un universo di paghe esigue e buoni sentimenti, ma poi è arrivato un colpo inaspettato: Gloria ha deciso di tentare un ultimo slancio, candidandosi per un posto alla PharmaUnit. Era la casa farmaceutica dei suoi sogni, a cui prima non aveva mia osato puntare.
La notizia mi ha messo in agitazione. Ormai amavo Gloria con tutta me stessa, e non potevo accettare che si trasferisse per inseguire un sogno che, nel tempo, mi ero impegnata tanto a dipingere come impossibile da realizzare. Inoltre, non mi piaceva l'idea che lei guadagnasse più di me; temevo che la sua ambizione potesse tornare alla carica, montarle la testa, farle considerare l'idea di essere superiore a tutti, superiore a me... In quel caso, forse, avrebbe potuto lasciarmi!

Così, invece di affidarmi al caso, stavolta ho preso la situazione in mano. Durante la notte, ho modificato il suo curriculum, e poi l'ho lasciato in bella vista sul desktop. Sapevo che si trattava di un'operazione rischiosa: avrebbe sempre potuto decidere di ricontrollarlo, prima di inviarlo. Ma, ultimamente, proprio perché sfiancata dai rifiuti, poneva meno attenzione a questi dettagli. Quindi come credevo, e come speravo, lo ha inoltrato nella versione contraffatta.

Quando, qualche giorno dopo, è arrivata la convocazione per il colloquio, mi si è gelato il sangue. Quegli idioti l'avevano chiamata, attirati dalle bugie che avevo riversato nel curriculum? La mia mossa mi si era ritorta contro?

All'inizio forse sì. Ma poi, controllando la corrispondenza di Gloria, ho tirato un sospiro di sollievo. Una mail annunciava la cancellazione del colloquio; lei non l'aveva ancora letta e io l'ho eliminata. Volevo che la umiliassero di persona. Così, forse, avrebbe capito che l'unica capace di apprezzarla sono io.

LA VITTIMA

Avere degli obiettivi non significa essere in grado di raggiungerli. Ho sempre saputo ciò che volevo ma non sono mai stata sicura di me, per questo motivo cercavo di lavorare sulla mia preparazione e sul mio carattere. Ho frequentato qualche corso post laurea, neanche troppi in realtà; ho provato a fare tesoro dell'esperienza in farmacia, anche se non era il lavoro dei miei sogni; e poi mi sono concentrata sul mio carattere, sul mio modo di parlare, di presentarmi.

«Tu sei già perfetta così».

Luisa è stata la prima a dirmelo e, chissà perché, le ho creduto subito. Forse, con la mia fissazione per il miglioramento, stavo esagerando? Da quando è arrivata lei a sostenermi, ho iniziato a vedere le cose in modo diverso. Avevo già fatto tutto il possibile per rendermi competitiva e mettermi in mostra, adesso toccava al mondo accorgersi di me. Ma forse, quel mondo era troppo occupato a proteggere i propri interessi per farmi spazio.

«Non è colpa tua, sono loro a non sapere cosa si perdono».

Questo mi assicurava Luisa e io, per tirare avanti, speravo che avesse ragione. Nell'ultimo anno, comunque, il desiderio di lottare mi aveva abbandonata. Il contrasto tra le lodi della mia ragazza e l'indifferenza del mondo era insopportabile; solo lei riusciva a vedere quanto valevo, e io sono arrivata a pensare che probabilmente fosse l'unica a capirmi.

La candidatura alla PharmaUnit era la mia ultima spiaggia, un canto del cigno lanciato nel vuoto, per poter dire che, alla fine, le avevo provate davvero tutte. Quando mi hanno convocata nei loro studi non potevo crederci; forse il mondo stava iniziando a girare nel verso giusto?
Ovviamente no. Le mie erano, ancora una volta, illusioni. La PharmaUnit si è dimostrata folle e crudele come tutte le sue compagne del settore. Mi ha sbattuto fuori senza darmi spiegazioni, con sdegno, quasi con disgusto, e mi ha confermato ciò che da troppo tempo ormai sapevo: quella gente non mi meritava. Il sessismo, l'omofobia, tutte le ingiustizie che fino ad allora avevo tollerato, non le avrei più accettate. Se il mondo mi respingeva, io avrei fatto altrettanto. Non mi importava più nulla dello stipendio alto, del trasferimento, della carriera. Luisa era l'unica cosa di cui avessi bisogno.
In questo credevo, questo avevo deciso. Quando ho scoperto la storia del curriculum modificato, recuperando le mail dal cestino, anche l'ultimo pilastro della mia vita è crollato. Adesso non ho più nessuno a cui appoggiarmi.

LO SPECIALISTA

Siamo di fronte a un caso particolare. Le tecniche utilizzate da Luisa sono tra le più insidiose in campo manipolatorio, e le sue azioni dimostrano un'attenzione maniacale alle emozioni della compagna. Non è empatia, ma analisi spietata, progettazione oculata, una partita a scacchi giocata sfruttando finzione e dissimulazione.

Luisa, all'inizio, è indifferente ai desideri di Gloria. La frequenta ma non la ama, trova insulsa la sua frustrazione e lascia correre tutto senza troppi rimpianti. Quando però la relazione entra nel vivo, la donna si erge a difensore dei propri bisogni: vuole che Gloria le stia sempre accanto, nonostante tutto. A questo punto, le mire professionali della giovane farmacista diventano una minaccia; persuasa dalla paranoia, Luisa si convince che un nuovo lavoro potrebbe essere fonte di sciagure indicibili; Gloria, costretta a trasferirsi, resa arrogante dal suo stipendio elevato, soddisfatta dai complimenti dei colleghi, potrebbe non aver più bisogno di lei. Allora, il supporto svogliato che aveva elargito fino a quel momento, diventa un'arma potentissima. Le parole di conforto si venano di scetticismo nei confronti del mondo, le lodi diventano così frequenti da sviluppare dipendenza, l'oggettività lascia il posto a un nutrimento dolce e irrazionale, appositamente calibrato sulle debolezze di

Gloria. La donna, infatti, delusa dal mondo circostante, inizia ad avere le idee confuse sul valore della propria persona.
Incoraggiare il partner, naturalmente, non è un errore, se lo si fa per tirarlo su di morale con cognizione di causa. L'intento di Luisa, però, è diverso; con il suo aiuto vuole dimostrare a Gloria di essere l'unica in grado di comprenderla, un'ancora di salvezza in una realtà selvaggia e ingiusta, in cui le sue qualità non saranno mai riconosciute come lo sono tra le mura di casa. È un trucco pensato ad hoc per la situazione e la vittima coinvolta; con un soggetto più volitivo e meno fragile di Gloria, non avrebbe funzionato. Ma Luisa conosce bene i suoi polli e sa come spennarli.
Per questo, non appena arriva la notizia della nuova candidatura, ne approfitta per sferrare il colpo di grazia. Accecata dall'urgenza, adotta uno stratagemma rischioso, calunniando la propria ragazza e offrendosi poi come spalla su cui piangere. La fortuna (o la sfortuna) favoriscono il suo piano, e Gloria torna a casa sconfitta. Nei giorni successivi, la donna non si preoccupa neanche di capire il motivo per cui il suo colloquio sia saltato; la ferita fa troppo male, e lei finisce col dare ascolto alla compagna: l'ingiustizia del fuori la convince a ripiegarsi verso dentro.

Luisa, in pochi anni, è riuscita a scatenare una forte dipendenza emotiva nel cuore di Gloria, che adesso ritiene impossibile staccarsi da lei. Forse, però, la scoperta dell'inganno del curriculum potrebbe cambiare le cose. Gloria, per quanto bisognosa di supporto, deve capire che non sempre i complimenti di chi amiamo hanno potere benefico. Luisa, invece, deve svestire i panni della falsa salvatrice ed essere onesta con la compagna e con se stessa.

SARAI UN'OTTIMA MAMMA

LA STORIA

Liliana sedette sul bordo della vasca e congiunse le mani. Non era una persona religiosa, ma si ritrovò a pregare sottovoce, senza disturbare. La bacchetta blu e bianca adagiata nel bicchiere non sembrava ascoltarla. Se ne stava lì, inutilmente ferma, umida di urina e pronta a rilasciare un'altra cattiva notizia.
Liliana sospirò. Non era ancora detto, le istruzioni consigliavano di aspettare altri cinque minuti e lei, prima dello scadere del tempo, non si sarebbe alzata da lì. Rimase immobile sulla vasca, con le dita intrecciate, temendo che anche il minimo rumore potesse adirare gli dei, corrompere il fato, distruggere la sua speranza.
Solo quando il timer del cellulare scattò, la donna prese coraggio e si alzò. Mentre il beep beep risuonava nel bagno, lei raggiunse il suo bicchiere; lì dentro, il test di gravidanza giaceva inclinato e innocuo. Liliana lo recuperò con diffidenza; tutti quelli provati in precedenza l'avevano tradita, e ora lei li maneggiava con istintiva repulsione.
"Questa volta è quella buona" si disse, cercando di essere ottimista. *"Questa volta ho pregato."*

Sollevò la piccola stanghetta e sbirciò il riquadro dedicato al risultato. Sullo sfondo bianco appariva un'unica lineetta rosa: non incinta.

Liliana gemette, si lasciò cadere il test dalle mani. Con quello erano sei, sei negativi in tre mesi. Com'era possibile?

La donna scalciò via il corpo del reato, concentrazione di tutte le sue delusioni, e fuggì fuori dal bagno. Forse stava esagerando, forse le sue aspettative non erano realistiche, i suoi desideri

troppo impazienti. Lei e suo marito, dopotutto, avevano bandito i contraccettivi da poco, e non si erano preoccupati troppo dei periodi feritili. Facevano sesso regolarmente, quando la voglia li assaliva, perché così avevano deciso di concepire, guidati dall'amore e non dai dati o dalle probabilità. Quella tattica, però, finora si era dimostrata inefficiente: Liliana aveva avuto qualche ritardo, questo è vero, ma tutti i test fatti avevano smorzato le sue aspettative. Negativo, negativo, negativo! Era normale, dopo tre mesi di tentativi, ottenere dei risultati del genere?

Lei non poteva saperlo. Ne aveva parlato qualche settimana prima con le sue amiche già mamme, e tutte l'avevano rassicurata. Ci voleva pazienza, determinazione e soprattutto tranquillità, la fretta era bandita. Liliana si era lasciata rincuorare, all'epoca, ma

da allora le cose non erano cambiate, e lei non se la sentiva di rivolgersi di nuovo a loro; se si fossero dimostrate stranite o preoccupate dalla notizia, lei non avrebbe potuto sopportarlo. Provava vergogna nel rivelare le proprie paranoie agli altri. L'unico a cui potesse rivolgersi era l'uomo che, insieme a lei, si era preso l'impegno di avere un bambino: suo marito.
Quel giorno, una volta uscita dal bagno, aspettò che lui tornasse a casa. Due ore dopo, Sergio era lì, a fischiettare mentre si spogliava; Liliana non voleva distruggere il suo buon umore, così affrontò l'argomento molto tempo dopo, appena concluso il pranzo.
«Oggi ho fatto un altro test» buttò lì, quasi con indifferenza.
Suo marito tossì, si alzò per aiutarla a sparecchiare.
«Di nuovo?» chiese. «Hai avuto un altro ritardo?»
«Solo tre giorni, ma volevo provare».
«Credevo che mi avresti aspettato. Avevamo detto di guardare ogni risultato insieme».
«Hai ragione, mi spiace di essere stata impaziente, è solo che...»
«Che cosa?»
Sergio la guardava con occhi spiritati. La moglie si rese conto di averlo lasciato sulle spine.

«È negativo» disse quindi, con sguardo basso. «È di nuovo negativo».
«Oh piccola mia...»
La donna si lasciò abbracciare e i due finirono insieme sul divano.
«Non sono triste» mentì lei. «Ma confusa. Ormai ci proviamo da un po' di tempo, e lo facciamo con costanza. Non capisco cosa stia andando storto».
«Amore, è normale aver bisogno di un periodo d'assestamento. Ricordi mia sorella? Lei ci ha messo un anno per rimanere incinta!»
«Certo sì, esistono questi casi...»
«Abbiamo preso questa decisione da poco, perché sei così turbata?»
«Non lo so, forse avevo aspettative troppo alte».
«Ti senti in colpa, non è vero? Pensi ci sia qualcosa che non va in te?»
Liliana si morse le labbra. Come faceva suo marito a capirla così bene?
«Io... in effetti ho iniziato a fare pensieri strani».
«Che tipo di pensieri?»
«Ecco, mi è venuto il dubbio che tutto questo sia legato a un mio problema... e se non riuscissi a diventare mamma? Se questo incubo si avverasse e io...»
«Lily» la interruppe l'uomo, con voce tenera ma decisa. «Tu sarai un'ottima mamma, ne sono sicuro. Ma questi

problemi che ti assillano influiscono negativamente sul tuo corpo».

«Quindi è comunque colpa mia! Del mio egoismo, della mia fretta!»

«Non ho detto questo. Credo solo che questa situazione stia diventando stressante per entrambi. Io non voglio affrettare i tempi, e i test negativi non mi spaventano. Ma tu... mi sembra che tu ti stia già sottoponendo a un martirio inutile. Ti incolpi senza motivo, ti rovini quella che dovrebbe essere una bella esperienza».

Liliana sospirò. Non aveva mai pensato a quell'eventualità, eppure nel discorso di Sergio tutto quadrava: fin dall'inizio era entrata in fibrillazione, aveva annunciato alla famiglia la loro decisione di provare, si era lasciata trascinare da un entusiasmo puro quanto infantile. Non era certo un comportamento esemplare per una futura madre. Pazienza, determinazione e tranquillità: questi erano gli ingredienti segreti, secondo le sue amiche; all'inizio di quell'avventura, Liliana aveva creduto di possederli tutti ma, a quanto pare, li aveva persi lungo il cammino. La sua agitazione dimostrava impazienza, il suo scoraggiamento carenza di determinazione e poi la tranquillità, ah! Sergio, che fischiettava in giro per casa era tranquillo ma lei, che invece pregava seduta sulla vasca da bagno…

«Forse dovrei fare un controllo» sussurrò. «Solo per cacciarmi il dubbio. Così, dopo, sarei più rilassata e potrei, insomma, essere propensa a riprovare».

Sergio aggrottò la fronte e scosse il capo.

«Se ne senti il bisogno, facciamolo pure. Ma non penso sia una buona idea. Andare a impelagarci in studi medici quando siamo solo all'inizio potrebbe peggiorare l'ansia da prestazione. Tutte quelle informazioni scientifiche rovinerebbero l'atmosfera. Ricordi cosa avevamo detto? Nostro figlio deve nascere da un atto naturale, dall'amore. Io credo che buttarsi a capofitto nella ricerca di una causa scientifica metterebbe a repentaglio la nostra filosofia. E poi, sai come sono i dottori, gli piace essere drammatici. Magari non c'è niente da temere, ma il loro consulto ci risulterebbe comunque spaventoso».

Liliana ricadde inerme contro la spalliera del divano. Sergio aveva ragione. Chissà come, riusciva sempre a sviscerare ogni argomento, arrivando prima di lei a comprenderne implicazioni, complicazioni e possibili conseguenze. Tutto ciò che a lei non veniva in mente, Sergio ce l'aveva già pronto sulla lingua; ragionamenti e dettagli che a lei sfuggivano, lui li esponeva con la

massima praticità, rendendoli comprensibili e inserendoli in discorsi assolutamente convincenti.
Dopo averlo sentito parlare, la moglie decise di lasciar perdere la strada degli accertamenti medici, almeno per il momento. Per quel giorno, non riaprirono più il discorso e cercarono di distrarsi, andando al cinema. In quelli successivi, Sergio cercò di seguire il ritmo della normalità; come sempre, serviva la colazione a letto alla moglie, la baciava prima di uscire, andava a prenderla al lavoro. Liliana era assillata dalla tranquillità: nel tentativo di trovarla, fingeva di essere serena quando in realtà avrebbe solo voluto piangere. Gli effetti del suo nervosismo si registravano anche a letto: l'appetito sessuale diminuiva, la paura aumentava; fare l'amore, per lei, era diventato motivo di tristezza. Quando Sergio glielo fece notare, la donna non negò.
«Credo di essermi bloccata. Troppi pensieri, troppe paranoie».
Lui si mostrò comprensivo come sempre e, tra un abbraccio e l'altro, offrì la sua soluzione.
«Non voglio che mio figlio nasca mentre tu stai male» dichiarò. «Non sarebbe un bel ricordo per noi».
«Mhmh hai ragione».
«Forse sarebbe meglio rallentare, ricominciare a fare sesso protetto».

Liliana non fece obiezioni. Le sembrava la decisione migliore. In questo modo, forse, avrebbe ritrovato l'equilibrio che le mancava.

IL MANIPOLATORE

Non ero pronto a fare il padre. Io e Liliana ci eravamo sposati solo due anni prima, troppo pochi perché l'idea di diventare "capo famiglia" mi entrasse in testa. Ma lei era così convinta, così rapita dall'idea di avere un bambino. Me lo ha fatto notare subito, appena tornati dalla luna di miele e, nei mesi successivi, ha rincarato la dose con sospiri sognanti e battutine appositamente studiate. «Ma ti immagini come sarebbe bello...» iniziava, per poi perdersi in sdolcinate fantasie di maternità. Credeva che queste scenette sentimentali potessero stimolare il mio istinto paterno, come se abbindolarmi fosse così facile! Al suo attacco emotivo ne ho contrapposto subito uno razionale: le facevo notare le entrate familiari esigue, la mancanza di spazio in casa, tutti quei piccoli inconvenienti che ancora ci rendevano impossibile diventare genitori. Così, sono riuscito a tenerla buona per più di un anno.
Qualche mese fa, però, forse spronata da qualche amica, mi ha messo con le spalle al muro: voleva smettere di prendere la pillola, rinunciare ai preservativi, avere un bambino. Io ho detto di sì per

essere lasciato in pace, salvo poi rendermi conto che no, non avevo intenzione di cedere. Mi sentivo ancora giovane, aitante, libero, non volevo legare il mio destino a quello di un altro essere umano! Tuttavia, fin dai tempi del fidanzamento, avevo sostenuto il progetto di vita di Lily e adesso, tirandomi indietro, sarei stato accusato di ipocrisia. Allora ho cercato una soluzione alternativa, appellandomi alla mia buona memoria e alle mie conoscenze; sono risalito alla marca di pillole usate da Lily e poi ho contattato un medico di base, amico di mio padre. A lui ho richiesto una ricetta nuova di zecca, per poi andare a riscuotere il mio compenso in farmacia: tre nuovi set di pasticche. Nei giorni successivi, sono diventato un mago nel tagliarle, sbriciolarle e nasconderle. Sapevo che, così ridotte, rischiavano di essere inutili ma, a quel punto, tanto valeva tentare. All'inizio, cercavo di camuffarle nei cibi più saporiti, che potessero impedire all'amaro di farsi sentire, ma amalgamarle a sugo e brodo era difficoltoso, così mi sono gettato sul caffè. Una bevanda già amara, di cui Liliana va matta e che, da quando siamo sposati, le consegno direttamente a letto. Più facile di così!

Per tre mesi, dunque, ho introdotto gli anticoncezionali nel caffè di mia moglie, aggiungendo sempre un po' di zucchero, per non destare sospetti, e sperando che, anche se privati potenza, potessero aiutarmi a prendere tempo. Per fortuna, tutto ha funzionato come previsto: i test sono risultati negativi, Lily non si è accorta di nulla e lo stress l'ha fatta tornare sui propri passi.

«Preferisco aspettare anche io» mi ha detto, quando le ho proposto di interrompere i nostri tentativi. Non si tratta di una condanna perpetua; credo che, prima o poi, anche io vorrò dei bambini ma, fino a quel momento, meglio tenere le pillole a portata di mano.

LA VITTIMA

Sono stati dei mesi orribili. Prima di allora, avevo sempre dato per scontata la maternità. La desideravo, è vero, e per questo pensavo mi fosse dovuta; ero una donna ancora giovane, con un buon lavoro, un bel marito. Cosa sarebbe potuto andare storto?

Nulla, mi dicevo. Ho rincorso questo sogno credendo di poter raggiungere il traguardo in un solo scatto, senza sforzo, senza preoccupazioni. Forse è stato questo il mio errore più grande; sentirmi già arrivata, essere troppo sicura delle mie possibilità, privilegiare l'egoismo alla natura. Quando le aspettative sono alte, il fallimento porta a una caduta ancora più rovinosa. Se fossi stata una donna saggia e razionale, forse tutto questo non mi avrebbe fatto così male; invece a me

sono bastati tre mesi di prova per abbattermi, dubitare, immaginare scenari catastrofici.
Per fortuna, mio marito è sempre stato un tipo più razionale. Questo pensavo quando mi abbracciava, sussurrandomi all'orecchio tutte le spiegazioni, tutte le soluzioni che io non ero riuscita a trovare. Da dieci anni, ormai, lui mi riporta con i piedi per terra: mi ha fatto capire che accettare una promozione sarebbe stato scomodo, se volevo diventare mamma, e così mi sono accontentata del mio impiego attuale; ha fatto luce sulle problematiche di avere una casa in centro, e così abbiamo scelto insieme la villetta in periferia che gli piaceva tanto; alla fine, con la sua logica inaffondabile, mi ha fatto capire che stavo prendendo la storia della gravidanza troppo sul serio.
«Non c'è bisogno di piangere sul latte prima che sia versato».
È uno dei suoi motti preferiti e io lo condivido, pur avendo problemi ad applicarlo nella mia vita. Forse per questo mi sono innamorata di Sergio: un uomo così sicuro, caparbio, dotato di rigore ma anche di sensibilità. Lui non si limita a vivere le cose, come faccio io, ma le capisce e poi me le porge già analizzate e lavorate, in piccoli pezzi facili da maneggiare.
Il suo discorso sulla questione "figli" mi ha convito a darmi un freno, a lottare contro la paura attingendo a

quella tranquillità che le mie amiche mamme lodavano tanto. Così, per qualche tempo, abbiamo messo da parte l'idea di diventare genitori. Per almeno due mesi non ne abbiamo più parlato, il mio desiderio sessuale si è risvegliato e il mio umore è tornato nella norma. Allora, con il cuore più leggero, ho ripreso in mano la situazione: ho effettuato tutte le visite necessarie, mi sono assicurata di non aver nessun problema sul fronte fertilità e sono tornata a casa pronta a riprovarci. Quando sono andata a ripescare le pillole, con l'intento di buttarle, ho deciso di dare una sistemata all'armadietto dei medicinali, e mi sono accorta di una cosa strana: in fondo, nascosto tra blister e bustine, c'era un pacchetto mezzo pieno di anticoncezionali, della marca che utilizzavo all'inizio dell'anno. Ricordavo chiaramente che, dopo aver deciso di provare a rimanere incinta, mi ero sbarazzata di quelle pillole. Certo, non escludevo la possibilità che potessero essermi sfuggite, eppure mi sentivo inspiegabilmente ansiosa al riguardo, come se la loro presenza lì avesse potuto influire negativamente sulle mie possibilità di diventare madre. Quando ne ho parlato con Sergio, lui mi ha offerto la spiegazione più razionale: avevo dimenticato di buttarle, tutto qui. Ma se invece...
Non capivo. Non volevo pensarci. Eppure mi venivano in mente le possibilità più astruse, le eventualità più

fantasiose; e se, per sbaglio, avessi preso una di quelle pillole durante i famosi tre mesi? Se Sergio me le avesse passate per errore, quando gli chiedevo quelle per il mal di testa?
Non ho ancora risolto il quesito. So che sono pensieri assurdi, ma non riesco a togliermeli dalla testa e sto diventando paranoica. In questo stato, di sicuro non posso concepire un bambino. Ho bisogno di aiuto.

LO SPECIALISTA
La vicenda narrata si sviluppa all'insegna di una manipolazione affettiva, ma anche intellettuale. Sergio è un narcisista scaltro e riflessivo, capace di porre le capacità retoriche al servizio della propria causa. La tecnica utilizzata non prevede intimidazioni rabbiose, bugie campate in aria o diffamazioni di genere, ma si basa su un meccanismo più complesso: la razionalizzazione. Si tratta di un trucco utilissimo, se proposto nel giusto modo perché, anche se evidente, non viene addebitato a delle cattive intenzioni. Liliana si accorge delle grandiose qualità di suo marito, sempre così attento a ogni dettaglio, capace di resistere all'assalto delle emozioni, un uomo calmo e pratico, che riesce a smontare ogni problema nelle sue parti essenziali, trasformando ciò che prima appariva complesso in qualcosa di semplice e facile da accettare.

Lei, donna emotiva e spesso ansiosa, non può resistere alla tentazione di farsi guidare da lui.

Così, nel corso del tempo, Sergio è riuscito a soggiogarla: l'ha convinta a rifiutare una promozione, l'ha portata a vivere in periferia e, alla fine, ha giustificato i problemi di fertilità con una logica schiacciante: il tempo, le ansie giornaliere, la felicità del concepimento. Ogni argomentazione andava a vantaggio del suo desiderio di rimandare la genitorialità.

Liliana, comunque, proprio grazie a quella sensibilità che l'altro vorrebbe anestetizzare, inizia a nutrire dei dubbi. Per liberarsene ed essere pronta alla maternità, ha iniziato una terapia psicologica, riuscendo a trascinare il marito con sé. In questo contesto controllato e guidato da un esperto, dopo quasi un anno Sergio ha confessato la sua colpa in lacrime. La paura di avere un figlio non è da demonizzare in sé e per sé, ma l'uomo avrebbe dovuto parlarne sinceramente con la moglie, invece di drogarla a sua insaputa, per poi rassicurarla con la razionalità. Quest'evento, insieme ai precedenti, dimostra quanto sia difficile per lui intraprendere una relazione sana. A questo punto, recuperare il rapporto con Liliana è quasi impossibile, ma entrambi hanno bisogno di continuare le sedute terapeutiche per difendersi dagli spettri dell’accaduto.

NUOVA IDENTITÀ

LA STORIA

«Papà! Mi serve l'accappatoio. Dov'è il mio accappatoio?»
«Non lo hai trovato in valigia?»
«No, non c'è».
«Forse lo sta usando tuo fratello».
«Me l'ha rubato dici? È stato lui!»
«Non è vero, non è vero!»
La vocina oltraggiata, proveniente dal bagno, fece sorridere Vincenzo. I suoi figli lo stressavano spesso, ma in fondo erano anche divertenti.
«Non abbiamo noi l'accappatoio».
Un'altra voce scorporata, da dietro la porta, arrivò a completare la scenetta familiare; era quella di Giusy, madre e moglie impegnata a insaponare il figlio minore. Quello maggiore, ancora in camera, e privo di accappatoio, dovette accontentarsi dell'asciugamano messo a disposizione dall'albergo.
«Questo è più comodo» gli fece notare Vincenzo, mentre dal bagno, insieme al vapore, usciva il fratello lavato di fresco.
«Bene Ale» disse la mamma. «Ora tocca a te».
Il bambino in asciugamano la seguì, mentre l'altro si gettava sul letto, pronto per essere vestito dal papà.

Vincenzo svolse il suo compito con piacere. Lui era già pronto, pulito e rilassato, come si può essere solo dopo una bella giornata di mare. Quando anche suo figlio fu acconciato per la cena, si gettarono entrambi a letto, aspettando gli altri due con la tv accesa. Fu allora che il telefono di Vincenzo vibrò.

«Ti sei divertito oggi al mare?»
Il messaggio campeggiava sulla chat di Facebook, e l'immagine del profilo affianco era quella di una donna. L'uomo aggrottò la fronte.
«Ciao anche a te» scrisse. *«Come fai a sapere che sono al mare?»*
Dall'altra parte arrivò uno smile, qualche puntino di sospensione, poi un nuovo testo.
«Dovresti stare più attento alle posizioni che condividi sui social. Non è difficile sapere dove sei».
Vincenzo si diede una manata in fronte. Certo, giusto! Quella mattina aveva pubblicato un post orgoglioso con le foto della spiaggia.
«Quindi, ti sei divertito?» insistette la donna.
«È stata una bella giornata in famiglia».
«Non avevo dubbi. Ho visto come sorridevi».
L'uomo rimase interdetto per un attimo; non aveva postato foto del suo viso. La compagna di chat capì la sua confusione e mandò un'altra faccina sorridente.

«Ti ho visto perché ero lì anche io...»

«Tesoro, siamo pronti!»
La voce di sua moglie lo riscosse; lei e Ale erano riemersi dal bagno, vestiti di tutto punto.
«Devo soltanto darmi una sistemata ai capelli, e poi possiamo andare» disse Giusy, piazzandosi davanti allo specchio in camera.
Vincenzo annuì mentre i bambini si riunivano per giocare con il tablet. Lui occhieggiò il telefono, poi lo ripose sul comodino. Quella storia stava iniziando a prendere una strana piega. La donna della chat – Amalia, per l'esattezza- da qualche giorno risultava inquietante. Vincenzo non era solito dare confidenza agli sconosciuti su internet, ma con lei conversava da quasi un mese ormai. Non che fosse stato lui a cercarla, la richiesta d'amicizia l'aveva inoltrata lei e poi, dopo qualche giorno, gli aveva scritto presentandosi come una cara amica di sua cugina Giulia. Vincenzo aveva ricambiato il saluto senza darle molta corda. Era tutto nella norma; Facebook, dopotutto, serve per aggiungere conoscenti di conoscenti, con l'intento di distrarsi facendosi i fatti degli altri. L'approccio di Amalia non era poi così inusuale, e lui non ci aveva dato troppo peso. Nei giorni successivi la donna aveva continuato a fasti sentire. Come stai, che lavoro fai,

come va la famiglia: tutte domande di circostanza, a cui Vincenzo aveva risposto per cortesia, senza mai chiedere nulla a sua volta. Per soddisfare le proprie curiosità, aveva già visitato il profilo della donna; era una giovane infermiera con i capelli rossi e gli occhi verdi, alta e sorridente, a cui piaceva condividere scene di film romantici e canzoni blues tristi. Un personaggio particolare, senza dubbio attraente, ma Vincenzo non aveva alcun interesse a conoscerla; perciò, quando lei si faceva sentire, si limitava a ribattere laconicamente, senza entrare troppo nel dettaglio, giusto per non fare brutta figura con un'amica di sua cugina.

Da quando era in vacanza, però, la situazione aveva iniziato a infastidirlo; Amalia lo contattava sempre più spesso, mandava foto delle sue mani o delle sue gambe, e se ne usciva con dei commenti alquanto preoccupanti. Come quell'ultimo messaggio, che sapeva quasi di minaccia: *ero lì anche io.*

«Allora, si va a cena?»

Giusy era pronta, i bambini affamati; Vincenzo si alzò dal letto. Tutta unita, l'allegra famigliola uscì dalla camera, entrò in ascensore e poi prese posto nel ristorante dell'hotel. La cena fu ottima, con primi ai frutti di mare e secondi di pesce caldo, contornati da vino bianco e dolci rinfrescanti. Il piano bar che li aveva accompagnati durante il pasto si trasformò presto in animazione vera e propria; cantanti e attori invitavano i commensali a seguirli in giardino, dove sarebbe iniziato lo spettacolo previsto per la serata. I due bambini non aspettavano altro, e corsero insieme verso il gazebo all'esterno. I genitori si alzarono per corrergli dietro.

«Vado un attimo in bagno» disse Giusy, recuperando la sua pochette. «Non perderli di vista».

Il marito annuì e poi seguì i figli; tutti insieme, sedettero sulle poltroncine disposte vicino al palco dall'animazione. Vincenzo era di nuovo felice, rilassato; non amava particolarmente quegli spettacolini, ma guardare i suoi piccoli divertirsi lo riempiva di gioia. Mentre le luci si abbassavano, però, una vibrazione gli scosse il taschino.

«Si prospetta un bello spettacolo, vero?»

Un brivido gli attraversò la schiena. Si guardò intorno, circospetto, ma la semioscurità era calata sul pubblico. Possibile che Amalia fosse davvero lì?

«Anche tua moglie è molto bella. Non mi avevi detto di essere sposato».

L'uomo si fece paonazzo e digitò una risposta fredda a quell'accusa sottile.

«È tutto scritto sul mio profilo, dato che sei così brava a leggerlo, mi pare strano che ti sia sfuggito».

Amalia rispose con una risata infinitamente lunga.

«Adesso che la conosco, potrei venire a salutarla» propose.
«Quindi sei davvero qui?»
«Sì, te l'ho già detto. Se non mi credi posso raggiungerti anche adesso».
Vincenzo imprecò sottovoce, scrutò di nuovo l'oscurità. Stava iniziando a sudare freddo.
«Non credo che dovremmo vederci» scrisse, categorico.
«Come mai?»
«Sono con la mia famiglia ora».
«E quindi? Vuoi tenere nascosta la nostra amicizia?»
«Noi non siamo amici, anzi non ci conosciamo affatto».
«Per questo hai paura di me?»
«Forse».
«Credo che sia una bugia».
Quella risposta così lapidaria mise l'uomo ancora più in agitazione.
«In che senso?»
«Credo che il vero motivo per cui non vuoi che vi raggiunga sia tua moglie. Non vuoi che scopra di noi. Dopotutto, le nostre conversazioni sono compromettenti».
Vincenzo sbuffò, aggrottò la fronte.
«Non ci vedo niente di compromettente nel rispondere a domande neutrali di un'amica di mia cugina».
Amalia si lasciò andare a un'altra risata, poi scrisse:

«Lo sarebbe se provassi attrazione per me».
Vincenzo sentì le guance scaldarsi, se di rabbia o imbarazzo non avrebbe saputo dirlo.
«Beh non è questo il caso» rispose a denti stretti.
«Allora accetta di vedermi, che ti costa?»
«Mi costa preoccupazione, perché ti stai comportando in modo strano. Non mi fido di te».
«Eheh puoi sempre bloccarmi se ti infastidisco».
«Lo farò se non mi lasci in pace».
«Davvero? Non ci credo. In fondo ti interesso, per questo continui a parlarmi».
Questo era troppo. Vincenzo era arrivato allo stremo delle forze, si sentiva irrequieto e irritato. Senza ribattere, corse sul profilo di Amalia e la bloccò, cancellandola poi dagli amici. Del giudizio di sua cugina poco gli importava; non poteva continuare a vivere con quel tarlo inquietante in testa, durante una vacanza poi! Aveva atteso più di un anno quel momento, per divertirsi in compagnia della propria famiglia, e non avrebbe permesso a una psicopatica di rovinare tutto. Così, dopo averla mandata al diavolo, posò il telefono in tasca e tornò a godersi lo spettacolo con i bambini. Poco dopo, Giusy li raggiunse.
«Scusa, c'era una fila immensa in bagno. Che mi sono persa?»
«Niente di che amore».

«Che hai? Ti vedo pallido».
«Tutto bene tesoro, sono solo un po' stanco».
Vincenzo non aveva intenzione di aprire la questione "Amalia"; non credeva di aver fatto nulla di male, questo è vero, ma temeva il giudizio della moglie che, qualche mese prima, gli aveva sconsigliato di creare un profilo social. Così, tenne tutto per sé e la vacanza continuò senza intoppi.
Una volta tornato a casa, però, Vincenzo dovette affrontare una nuova ondata di ansie. Su Facebook e su Instagram le richieste di amicizia si erano moltiplicate da un giorno all'altro; donne di tutte le età e nazionalità lo aggiungevano in continuazione e riceveva messaggi da sconosciute almeno una volta al giorno; tutte si presentavano come amiche di amici, fingevano di chiedere informazioni per avere la sua attenzione, lo pregavano di accettare. Era tutto terribilmente strano e inquietante. L'uomo cercava di non pensarci, rifiutando, bloccando, rimanendo in silenzio, ma non poteva fare a meno di pensare che tutti quei profili appartenessero a un'unica persona: Amalia. Offesa per essere stata bloccata davvero, stava tentando di infilarsi di nuovo nella sua vita in tutti i modi possibili. Vincenzo iniziava ad avere paura, pensava che quella stalker potesse presentarsi da un momento all'altro a casa sua, interagire a scuola con i suoi figli, spiare sua moglie.

Non sapeva se ci fossero gli estremi per una denuncia, ma doveva prendere dei provvedimenti per ritrovare la propria tranquillità.
«Tutte queste richieste mi stanno facendo impazzire» confidò un giorno a Giusy, per evitare una crisi di nervi. Lei rispose annuendo orgogliosamente.
«Te l'avevo detto che il mondo dei social è stressante».
Vincenzo non poteva più darle torto, ormai la situazione era diventata insostenibile. Quindi, a meno di un anno dall'apertura dei suoi profili, decise di ritirarsi a vita privata e cancellò la propria identità da Facebook e Instagram, sperando che i problemi sperimentati online non lo seguissero anche nella vita reale.

LA MANIPOLATRICE

Non mi sono mai fidata degli uomini. Da giovane ho avuto cattive esperienze con i miei fidanzatini, e i film romantici mi hanno sempre insegnato a stare in guardia nel relazionarmi con persone dell'altro sesso: pur amando, possono tradire. Anche se ho sposato Vincenzo, non l'ho mai considerato immune a questa maledizione maschile. È una persona dolce, paterna, molto disponibile, ma questo non vuol dire che non possa diventare un adultero. Per questo motivo l'ho sempre tenuto d'occhio il più possibile, negli anni, accedendo al suo telefono e al suo computer liberamente. Quando ha deciso di creare dei profili social, non ne sono stata felice; io ero già su Facebook e sapevo che molte persone lo usavano per rimorchiare. In ogni caso, non mi sono opposta più di tanto e ho deciso di sfruttare la cosa a mio vantaggio: attraverso internet, avrei potuto monitorare al meglio le sue attività. Inizialmente ho chiesto aiuto alle mie amiche, che lasciavano mi piace ricchi di sottintesi ai suoi post; ma lui non ha mai ricambiato, né cercato di attaccare bottone. Così, sono scesa in campo in prima persona, seppur con una nuova identità. Scaricando foto di donne sconosciute da internet e inventandomi un background di tutto rispetto, ho creato l'esca perfetta: una giovane infermiera, bella e intrigante, amica di una cugina che Vincenzo vede, se tutto va bene, una volta l'anno. Calandomi nei panni di questa bomba sexy, ho cercato di sedurlo. Gli scrivevo per mostrare il mio interesse, lo incitavo a farmi complimenti mandando foto, lo stuzzicavo con frasi ambigue, nella speranza che abboccasse all'amo. Ma lui rimaneva indifferente, irreprensibile. Certo, il fatto che mi rispondesse – che rispondesse ad Amalia- già di per sé poteva essere considerato tradimento, ma in effetti non è mai andato oltre. Questa cosa mi compiaceva e, al tempo stesso, mi infastidiva. Volevo farlo capitolare, renderlo colpevole, per poi divertirmi ad accusarlo una volta che mi avesse confessato tutto. Ma, quando ho iniziato a tirare un po' di più la corda, quel codardo mi ha bloccato; non voleva che Amalia si palesasse davanti a me!

Ero arrabbiata e decisa più che mai; ho creato nuovi profili, ho iniziato a bombardarlo di messaggi sempre più espliciti, di richieste sempre più attraenti, nella speranza di creare una crepa nella sua fedeltà oppure di costringerlo a confidarsi con me.

Alla fine, sono riuscita nel secondo intento. Preoccupato per quell'ondata di attenzioni, Vincenzo mi ha detto tutto: delle richieste, di Amalia, della sua preoccupazione. Io, allora, ho raggiunto il nirvana. L'ho rimproverato, umiliato e poi perdonato, sottolineando quanto avessi avuto ragione fin dall'inizio. Ispirato dalla mia magnanimità e dal proprio senso di colpa, alla fine ha fatto ciò che desideravo, cancellando i suoi account social.

LA VITTIMA

Non sono mai stato un tipo particolarmente socievole; conoscere nuove persone non è la mia priorità, preferisco le serate in casa a quelle in pizzeria e amo la mia solitudine. Il desiderio di iscrivermi a Facebook è nato da una necessità tutta individuale: volevo

imparare a divertirmi e informarmi su internet, leggendo quotidiani online, seguendo pagine dedicate alle mie passioni, scoprendo il mondo giovanile da cui ormai mi sentivo escluso. Del resto, non mi importava nulla.
La presenza di Amalia, in mezzo a tutto quel ben di Dio, mi era quasi indifferente. Le rispondevo per rispettare le formalità, ma non ho mai pensato a lei da un punto di vista romantico o sessuale. Se mia moglie avesse fatto lo stesso con un uomo, non me la sarei presa. Eppure, quando quella donna ha iniziato a uscire di testa, io mi sono reso conto di non avere la coscienza pulita; minacciando di rivelarsi alla mia famiglia, mi ha messo in una situazione scomoda. Avevo paura di traumatizzare i miei figli e di far soffrire mia moglie, anche se non l'avevo tradita. Credevo che bloccando Amalia sarei potuto tornare alla mia vita, invece le nuove richieste d'amicizia mi hanno sconvolto ancora di più: dormivo male, non riuscivo a godermi i miei passatempi su internet, quasi avrei voluto distruggere quel maledetto cellulare. Alla fine, ho seguito il consiglio che mia moglie mi aveva offerto fin dall'inizio: lasciare perdere i social. Mi sono cancellato da ogni piattaforma dopo essermi aperto con lei che, da donna comprensiva qual è, mi ha capito e perdonato all'istante. Non abbiamo più parlato della vicenda,

anche se io ogni tanto tornavo a rifletterci su; temevo che Amalia mi tenesse ancora sotto controllo, e stavo sviluppando manie di persecuzione: guardavo spesso fuori dalla finestra, chiudevo la porta a più mandate, mi sentivo vulnerabile durante il tragitto da casa al lavoro. Non sapevo come scacciare quel malessere tormentoso, ma la soluzione mi si è presentata a Natale. Durante una visita ai miei zii, ho incontrato Giulia, mia cugina. Le ho chiesto di Amalia, sperando che potesse rassicurarmi, ma lei ha aggrottato la fronte: non conosceva nessuno con quel nome.
La mia ansia, allora, si è trasformata in terrore. Chi diavolo era quella donna che, non solo sapeva il nome di mia cugina, ma mi aveva seguito in vacanza sulla stessa spiaggia, nello stesso albergo! Per fare delle ricerche, ho deciso di registrarmi nuovamente su Facebook sotto falso nome; è così che la verità mi si è rivelata. Entrando tramite l'applicazione del tablet di famiglia, ho notato che c'era un profilo era già collegato: il nome riportato era Irina Palm, una sconosciuta bionda, dal petto prominente. Mi si è gelato il sangue; avevo già visto quella foto, tra le milioni di richieste d'amicizia ricevute qualche mese prima. In quel momento, ho capito tutto.

LO SPECIALISTA

La storia riportata ha come protagonista il terrorismo psicologico, che Giusy mette in atto utilizzando i più moderni mezzi di comunicazione. La tecnologia, accorciando le distanze e relativizzando i tempi, ha aperto la strada a molti narcisisti che, dietro lo schermo di un computer o di un cellulare, possono trovare sempre nuovi modi per nutrire il proprio ego, a discapito degli altri. Lo spazio virtuale rende le identità facilmente manipolabili, le bugie più facili da dire, il controllo più semplice da esercitare.
Giusy, consapevole di questa realtà, decide di trasformarla in un'arma, adoperando il metodo del *catfishing*. Si tratta di una tecnica nata su internet che consiste nel creare profili falsi, con cui identificarsi totalmente, da utilizzare poi per ingannare gli altri. Il web, al giorno d'oggi, è popolato da miriadi di account fake, impiegati per contattare un nemico di vecchia data, per portare avanti truffe economiche, per sfogare la propria rabbia senza essere accusati, per spiare le persone che ci stanno attorno, influenzando la loro vita. Proprio con quest'intento, Giusy si trasforma in Amalia e inizia a importunare il suo stesso marito. È una donna gelosa, tremendamente possessiva, imbevuta da un'idea di mascolinità tossica, che la porta a diffidare di chiunque. La paura del tradimento, comunque, è una motivazione superficiale, quasi una scusa, che la donna

usa per giustificare la sua attività di controllo ossessivo. Il suo obiettivo non è accertarsi della fedeltà di Vincenzo, ciò che vuole davvero è inchiodarlo con le mani nel sacco. Delusa dalla buona condotta del marito, vorrebbe coglierlo in fallo, così da diventare giudice della sua vita. Il suo è un desiderio tipicamente narcisista, che risiede nel bisogno di sentirsi superiore all'altro. Quando si subisce un torto e si ricevono delle scuse, di solito ci si sente potenti, fiduciosi, inaffondabili; è a queste sensazioni che Giusy punta e, per raggiungerle, è disposta a ingannare il marito nel più subdolo dei modi.
Alla fine Vincenzo, pur non avendo fatto nulla di male, viene assalito dal senso di colpa e dalla paura. Il primo lo porta a confidarsi con la moglie, il secondo a cancellare i propri account social. Quando scopre che, dietro tutte quelle macchinazioni c'era lei, Giusy, non può crederci. L'ansia passata e l'umiliazione presente si intrecciano in un dolore insopportabile. Per superarlo, l'uomo dovrebbe affrontare la propria compagna e capire di essere innocente. Giusy, d'altro canto, non può continuare a dissimulare e minimizzare. Solo prendendo coscienza della gravità dell'accaduto potrà evitare di compiere di nuovo lo stesso errore.

È SOLO UN GIOCO

LA STORIA

Clara adagiò le posate sul piatto vuoto, come le aveva insegnato a fare sua madre tanto tempo prima, e poi si tamponò le labbra con il tovagliolo di tessuto che aveva tenuto per tutto il tempo sulle gambe. Matteo, dall'altra parte del tavolo, sorrise.
«Sei proprio una gran signora, stasera».
La donna cercò di mascherare la soddisfazione con un un'espressione offesa.
«Vorresti dire che di solito, le altre sere, non lo sono?»
«Oh no. È solo che stavolta sei circondata da persone e oggetti alla tua altezza».
L'uomo indicò la saletta in cui si trovavano. Era un ristorantino francese di recente apertura, scavato in un edificio storico dalle porte alte e i soffitti stuccati, un luogo romantico ed esclusivo, in cui le luci soffuse si abbracciavano alle effervescenze floreali dell'aria serale. Matteo aveva prenotato un tavolo vicino a una caratteristica finestra barocca, e il luccichio della città si rifletteva sui loro bicchieri di cristallo. Sopraffatta da tutta questa bellezza, Clara non poté ribattere; stavolta il complimento del suo compagno aveva colto nel segno.
«È tutto perfetto» sospirò, ammirando il panorama.

«Rendiamolo ancora più perfetto con un po' di vino».

Da gran galantuomo qual era, Matteo ripescò la bottiglia dal secchiello di ghiaccio e servì la propria donna; Clara aveva già la testa tra le nuvole, ma era sicura che un altro goccetto non le avrebbe fatto male. Sorseggiò il suo vino, ascoltò i violini che suonavano solo per loro e si godette l'ultima portata del pasto, un dolcetto allo zenzero con una spolverata di cannella. Ancora non riusciva a crederci, Matteo le aveva davvero regalato la cena più bella del mondo, nel ristorante più rinomato della città, la sera del suo compleanno. E le sorprese, a quanto pare, non erano finite. L'uomo, infatti, non appena i piatti furono ritirati, le prese le mani da sopra la tavola e disse: «Ho un regalo per te».

«Ma tesoro… io pensavo che fosse questo il regalo!»

«Oh è una bella cena, lo so. Ma volevo comunque che te ne rimanesse il ricordo».

Sciogliendo l'intreccio delle loro dita, Matteo recuperò una bustina argentata dal taschino.

«Tieni, scartalo».

Clara eseguì, con il cuore a mille per l'emozione. Nel pacchettino era contenuto un cofanetto e il cofanetto custodiva un bracciale; argento e oro bianco si rincorrevano lungo una catenina finissima, sostenendo

il ciondolo di una rosa lavorato a mano. La donna dovette sforzarsi per trattenere le lacrime.
«È il compleanno più bello della mia vita» esalò.
Poi, facendo uno strappo all'etichetta, si protese sul tavolo per baciare il suo fidanzato. Stavano insieme da quasi dieci anni e lei non era mai stata così felice come in quel momento. Il tempo passava, gli inverni si susseguivano, ma Matteo non si smentiva mai; era sempre lo stesso uomo dolce e romantico che aveva conosciuto all'università. Quella sera, più di tante altre sere, Clara fu contenta di rientrare a casa con lui. Ormai non aveva più dubbi riguardo la loro storia. Stavano bene insieme, la convivenza andava a gonfie vele e entrambi avevano recentemente ricevuto una promozione; la prossima volta, dentro il cofanetto ci sarebbe stato di sicuro un anello di fidanzamento. Clara pensò al matrimonio e il cuore le si riempì di gioia; sentiva che ogni pezzo della sua vita si stava incastrando al posto giusto. In macchina, lei e Matteo ascoltarono un po' di musica rock e cantarono sulle note dei Queen. In ascensore, si baciarono come due adolescenti esaltati, che cercano di nascondersi agli occhi dei genitori. Una volta rientrati in casa, si spogliarono a vicenda, travolti dal desiderio. Solo sulla soglia della camera da letto si fermarono per riprendere fiato.

«Ho bisogno di un minuto» soffiò Clara.

Il suo compagno annuì, le baciò il collo, poi la lasciò filare in bagno. Clara era troppo eccitata perché la razionalità prendesse il sopravvento, non pensò a sistemarsi i capelli, né a struccarsi, ma si diede una semplice rinfrescata generale, spruzzandosi addosso un po' di profumo e indossando della biancheria più adatta alla circostanza. Rivestita di pizzi e merletti, tornò in camera da letto. Matteo, in piedi e a petto nudo, sorrise beatamente.

«Oggi sei davvero una dea» mormorò, rapito. Per sottolineare il complimento, le prese le mani e se le portò alle labbra. Clara ridacchiò.

«Allora tu vuoi diventare il mio umile servitore?» domandò.

L'uomo annuì, i suoi occhi luccicarono.

«Vorrei solo conservare quest'immagine di te per sempre. Così bella. Così perfetta».

Le lusinghe sortirono l'effetto sperato; Clara arrossì, ma la sua sicurezza vacillò: aveva capito cosa il suo compagno le stesse chiedendo.

«Vuoi davvero tenermi con te per sempre?» mormorò.

«Sì, Clara. Sai che è così».

«Guardarmi adesso non ti basta?»

«No. Ho bisogno di immortalare questo momento. Sento di non poter fare altrimenti. Concedimi la grazia, oh mia signora!»
Clara rise nel vederlo interpretare il ruolo del suddito di fronte alla propria regina (o meglio, alla propria dea). Si sentiva ben disposta nei suoi confronti quella sera: dopotutto, Matteo l'aveva portata a cena, omaggiata con del vino, coccolata con un gioiello. Adesso, toccava a lei dimostrargli il proprio affetto.
«Va bene» disse perciò, con un sorriso luminoso. «Accendile».
L'uomo si risollevò e corse verso l'armadio; da un cassettino interno, cavò fuori due piccole telecamere professionali, nere e accattivanti. La prima finì su un sottile tre piedi da tavolo, appoggiata al comò di fronte al letto; l'altra, invece, Matteo se la legò al polso con l'apposito sostegno, per effettuare riprese più ravvicinate. Invece di azionarle, però, mise mano al cellulare.
«Vorrei scattarti qualche foto» sogghignò. «Prima di strapparti i vestiti di dosso».
Clara fremette. Non le piaceva molto essere fotografata, ma quella promessa così seducente la convinse a stendersi sul letto. Come sempre, Matteo le indicò le pose giuste da assumere, ricordandole di coprirsi il volto con le mani, le lenzuola o i capelli.

Quella sera, come molte altre in precedenza, Clara si lasciò divorare dall'occhio perfido dell'obiettivo, inarcando la schiena, accarezzandosi il petto, accavallando le gambe. Ad ogni nuovo scatto, seguiva un gemito da parte di Matteo; alla fine, non resistette più, gettò via il telefono, accese le telecamere e si riversò su di lei.

Tra un bacio e l'altro, Clara poteva vedere il luccichio rosso della ripresa, che le ricordava di essere guardata, se non da un uomo, sicuramente da quelle macchine. Non era una sensazione piacevole. Quando Matteo le aveva proposto quel gioco per la prima volta, lei l'aveva rifiutato categoricamente. Sapeva che molte persone provavano soddisfazione nel mostrarsi e riguardarsi, ma lei non era un'esibizionista, anzi: fin da ragazza, aveva avuto un rapporto problematico con il proprio corpo, si spogliava raramente di fronte agli altri e preferiva fare l'amore a luce spenta.

Matteo, però, l'aveva aiutata a mettere a tacere tutte queste paure: la lodava fino allo sfinimento, esaltando la bellezza delle sue gambe e del suo seno; rispettava i suoi tempi e trovava attraente la sua timidezza, quando fuggiva l'obiettivo; la rassicurava del fatto che, alla fine, si trattasse solo di un gioco tra loro, un divertimento innocente, un tabù ormai scardinato.

«Tutte le coppie lo fanno» era solito dire. *«Ed è un'ottima cosa, perché ci rende indipendenti dai porno».*
Clara non ci trovava niente di male, in effetti, e la sua ritrosia non derivava da motivazioni morali, quanto più caratteriali; quando le telecamere erano accese si sentiva innaturale, impacciata, sotto pressione. Ma a Matteo tutto questo non importava; considerava ogni scena magistrale, ogni fermo immagine mozzafiato, ogni sessione dannatamente sensuale. Vederlo così felice e soddisfatto stimolava Clara a continuare. Anche se non si sentiva mai totalmente a suo agio, cercava di prestarsi alle riprese nel modo più spontaneo possibile, stando sempre ben attenta a tenere il proprio viso fuori dall'inquadratura. Con queste precauzioni, la cosa sembrava funzionare. Certo, avrebbe preferito farsi sommergere dalla passione, piuttosto che preoccuparsi del set cinematografico che la circondava ma, in fin dei conti, quello di Matteo era un capriccio raro, che vedeva la luce una o due volte al mese e a lei non costava nulla appagarlo.
Quindi, anche quella notte, diede il via libera al proprio compagno, sforzandosi di escludere il luccichio rosso dal proprio campo visivo. C'era ancora il ricordo della cena a rincuorarla e tutto filò più liscio del solito.

«Sei uscita benissimo» le sussurrò Matteo, alla fine, scorrendo le foto con un sorriso.

Clara non rispose. Non andava fiera di quegli scatti, ma sapere che Matteo li trovava eccitanti acquietava il suo imbarazzo; finché fosse stato solo lui a guardarli, non c'era alcun problema.

Il giorno successivo fu bello come il precedente, e anche quelli a venire. Il bracciale scintillante, agganciato al polso, donava allegria alla sua proprietaria, e la notizia della cena francese, diffusasi tra i suoi amici, la rendeva orgogliosa. I video e le foto hot, realizzati quella stessa sera, erano l'ultimo dei suoi pensieri; Matteo non tirò fuori la telecamera per mesi e lei si godette in tutta tranquillità del buon vecchio sesso tradizionale.

Ma poi, la verità arrivò e bussò alla porta.

«Clary, ho trovato questo su Twitter. Il letto sembra proprio il tuo».

Il messaggio, inviato da sua sorella, non aveva nulla di sospetto, ma il video allegato sì. Clara, visionandolo, sentì il mondo disfarsi attorno a lei, la luce svanire, la felicità appassire. Riconobbe il proprio letto, le proprie lenzuola di seta, le proprie gambe nude. Quella nel filmato, postato da uno sconosciuto su un social mai sentito, era davvero lei.

IL MANIPOLATORE

Clara è la donna più bella del mondo; capelli castani, ricci e selvaggi, occhi verdi, seni sodi, gambe da urlo. Quando ci siamo incontrati, sono rimasto folgorato; ero sicuro che una come lei non avrebbe mai dato retta a un tipo come me. Per fortuna, sono sempre riuscito a compensare la bellezza con l'intelligenza e, dopo aver studiato a fondo la mia preda, ho capito cosa fare per attirarla in trappola. Clara ha un debole per i complimenti e adora le attenzioni esagerate. Durante il periodo del corteggiamento non le ho mai fatto mancare niente: fiori, cioccolatini, occhi dolci da innamorato. Mi sentivo sciocco e melenso, ma per lei ero disposto a fare qualche sacrificio. Anche dopo averla conquistata, non ho abbassato la guardia, portando le lusinghe all'estremo, acquistando regali sempre più costosi, dimostrandomi sempre disponibile e pronto a difenderla. Ammaliata da queste manifestazioni d'affetto, Clara si è legata a me in modo indissolubile, iniziando a ricambiare le mie attenzioni con un concessioni sempre più stuzzicanti: cucinava ciò che le chiedevo, mi prestava soldi senza fare domande, accettava le mie avances sessuali senza mai lamentare mal di testa. A quel punto, ho capito che il terreno era abbastanza fertile per fare un passo in più e le ho rivelato la mia più grande fantasia: quella di riprenderci

mentre facevamo l'amore. Avevo la compagna più attraente del circondario e io, pur non essendo una bellezza, a letto me la cavavo egregiamente; insieme avremmo potuto creare un prodotto da fare invidia all'industria pornografica.
Lei all'inizio era restia, si vergognava; l'obiettivo la metteva in agitazione e, una volta finito, non voleva mai riguardarsi. Non che le cose adesso siano molto cambiate: percepisco il suo imbarazzo quando si spoglia, il modo in cui tenta sempre di voltare le spalle alla telecamera, e quello in cui, dopo, si allontana dalle foto che cerco di mostrarle; questa sua riluttanza, però, la rende ancora più sensuale. Non sono riuscito a metterla a proprio agio, questo è vero, ma in compenso l'ho convinta a posare per me e con me. Le lusinghe e i regali sono stati ancora una volta utilissimi: facendole complimenti la rassicuravo sulla fotogenicità del suo corpo, portandola fuori a cena mi rendevo degno di gratitudine e quindi meritevole di un compenso che lei non poteva rifiutarmi.
Così, abbiamo iniziato a intrattenerci in quell'innocente passatempo privato. All'inizio, mi bastava rivedere le nostre creazioni per essere soddisfatto ma, dopo qualche tempo, mi sono reso conto che chiudere quelle opere d'arte nel cassetto sarebbe stato un peccato. I miei amici si vantavano spesso delle loro prodezze

sessuali, raccontando di notti folli e goduriose, dominate da figure di fidanzate e mogli maliziose, creative, esperte. Clara era più bella di tutte loro, e io decisamente più virile dei miei compagni di calcetto, perché non avrei dovuto partecipare alla gara, provando il tutto con un bel video?
In fin dei conti, sono discorsi normali da fare tra uomini e, anche se il materiale fosse fuoriuscito dalla chat, non c'era pericolo che qualcuno ci riconoscesse: sia io che Clara proteggevamo sempre il viso. Allora mi sono deciso, ho preso l'iniziativa e ho dato a quei video la fama che meritavano, condividendoli con i miei amici.

LA VITTIMA

Di storie così, negli ultimi tempi, se ne sentono tante in giro, ma non credevo che potesse succedere anche a me. Io così timida e riservata, Matteo, così dolce e sincero, non avevamo le caratteristiche adatte per diventare protagonisti di un dramma simile. Questo pensavo. E, naturalmente, mi sbagliavo.
Io, per far piacere a lui, ho messo da parte la mia angoscia, il mio benessere; lui, tentato dai discorsi discinti dei suoi amici, ha pensato bene di tradirmi. Il video è finito in rete e, anche se il mio viso e il mio nome non erano stati resi noti, tutto il resto del mio corpo adesso era alla mercé di milioni occhi.

Quando l'ho scoperto, mi sono fiondata da Matteo con le lacrime agli occhi. Lui inizialmente ha negato, ipotizzando un furto, un hackeraggio del suo hardisk. Alla fine, però, ha confessato; non chiedendo perdono, ma giustificando le proprie azioni nel più semplice dei modi.
«*Sono cose da uomini*» ha detto, «*degli scambi goliardici, senza alcun secondo fine. Non volevo che i video diventassero di dominio pubblico, li avevo inviati solo a una cerchia ristretta di persone, amici fidati. Non so come si siano diffusi su internet. Ma in fondo, se ci pensi, che importa? Nessuno può risalire a te. E, anche se lo facessero, è solo sesso*».
Quel ragionamento mi ha spiazzato. Davvero non riusciva a capire come mi sentissi? Anche se la mia identità era sconosciuta, i commenti sul mio corpo e sulle mie capacità sessuali fioccavano sul web; inviti sconci, appellativi degradanti, giudizi cocenti: ogni parola era rivolta a me, mentre di lui nessuno si preoccupava. L'uomo, in questi casi, viene solo lodato. Io, invece, sommersa da quella marea di odio misto a desiderio, non riuscivo più a uscire di casa; avevo paura che qualcuno mi riconoscesse, che gli amici di lui parlassero, che il mondo mi condannasse.
Forse, in fin dei conti, avevano ragione loro: la colpa era tutta mia.

LO SPECIALISTA

Il *Revenge porn* è, purtroppo, una realtà tristemente nota ai nostri giorni. Nel caso sopracitato, Matteo non diffonde i video per vendicarsi, ma gli effetti sulla vita di Clara sono comunque devastanti: vergogna, paura, recriminazione si abbattono su di lei come una tempesta. È stata spogliata di tutta la sua forza, di tutta la sua dignità; gli utenti sul web la trattano come un oggetto, gli amici del suo ragazzo la guardano con cupidigia e lui, Matteo, invece di riconoscere il proprio errore, lo minimizza. È un atteggiamento tipico dei narcisisti difendersi dalle accuse altrui dipingendo il proprio operato come ininfluente, affatto grave, perfettamente perdonabile. Matteo nega le proprie responsabilità, riversando la colpa sugli amici, e poi ridimensiona le conseguenze dell'accaduto, definendole blande, superficiali: il viso non si vede, perché la sua fidanzata si preoccupa tanto?

Ma lui, in quanto uomo, non può capire a quale stigmatizzazione vengano condannate le donne quando si parla di sesso: di fatti, mentre Matteo riceve complimenti, la sua compagna viene additata come una poco di buono, un soggetto dalla condotta immorale che, pur procurando piacere, quando lo prova viene quasi demonizzata. La visione maschilista, in questo caso, va a intrecciarsi a un tipo di manipolazione molto comune: quello dell'adulazione. Matteo ha convinto Clara a seguirlo in quest'avventura grazie a lusinghe mirate e regali ben organizzati; questa struttura ricorda altre relazioni incontrate nelle pagine precedenti, ma alcuni elementi sono invertiti: Clara non compie l'azione sperando in un premio successivo, ma la realizza per ripagare una cortesia già ricevuta in precedenza. Come lo stesso Matteo ci fa notare, questa tattica fa sentire la donna debitrice nei suoi confronti; lui, avendola lodata e compiaciuta per tutta la sera, merita di essere ripagato.

Così Clara cede e diventa protagonista dei video hot del fidanzato. Creare dei contenuti pornografici non è da considerarsi sbagliato a priori, purché avvenga con il consenso di tutti i partecipanti, rispettando le regole di privacy e di divulgazione proposte all'inizio del rapporto. Matteo non è da condannare perché si diverte a riprendere l'amplesso, ma il modo in cui attira Clara nella sua rete, per poi tradirla condividendo con parti terze i file prodotti, questo è inaccettabile. Clara deve capire che, in questa vicenda, non ha nessuna colpa; fare sesso è un atto naturale, e anche fidarsi del proprio compagno dovrebbe esserlo. Consapevole di questo, potrà affrontare la situazione a testa alta, evitando di leggere i commenti su internet e denunciando Matteo per ciò che le ha fatto. Lui, d’altro canto, insieme alla punizione della legge, dovrebbe ricevere anche un trattamento psicologico adeguato, che lo aiuti a comprendere il danno arrecato alla donna tanto “amata”.